京大親子が半世紀にわたって実践！

不滅の株式投資術

必勝17銘柄の
買値・売値を
ピンポイント指南！

今泉克也【著】

アールズ出版

はじめに

平凡なサラリーマンだった私の父は、900万円を元手に、生涯をかけて5000万円まで資産を増やすことに成功した。個人投資家の8割が損をしていると言われる中、とりわけ株の取引を経験した人、もしくは現在行っている人から見れば、相当な生涯成績であることが分かると思う。利益の大きさに証券マンや税理士をも驚かせ、証券会社の中には父の取引を真似て売買する社員もいた。

私は父が死去する数年前に株式投資のノウハウをすべて教わった。その中にはまさに「目からウロコが落ちる」内容が相当数含まれていた。いやむしろ、日々驚きの連続であった。私は現在もそのセオリーに従って売買をし、利益を上げ続けているわけだが、そのノウハウを私一人にとどめておくのはもったいない、ぜひ一人でも多くの投資家に知ってほしいと思い、本書の執筆を決意した。

本書の大きな特徴は、「儲かる銘柄を、具体的に提示していること」である。最近はいわゆる「アベノミクス相場」を背景に書店に株式投資の本が多数並んでいるが、本書のように実績を掲げて銘柄まで明示した書籍はあまりないと思う。方法論に終始した書籍が多い中、相当な具体性を持った本に仕上がったと自負している。また、銘柄選びと同様に重要な「心の在り方」についても詳細に解説した。これら二つは車の両輪のようなものであり、どちらが欠けても利益を上げることはできない。

読者の中には、「これから株で儲けよう」という人もいれば、投資歴数年という人、あるいは数十年という人、様々な方がおられると思うが、本書は必ずしも株式投資の入門書というわけではない。したがって、チャートの見方や、株式用語解説、株式口座の開き方といった初心者的な事項については必要最低限を除いてなるべく割愛させていただいた。むしろ、「いろいろ試してみたがどうしても儲からない」、「株で富を築いた人はどんな取引をしているのだろうか」、「どの銘柄を買えばよいのか分からない」といったことで悩んでいる人にぜひ読んでもらいたいと思っている。

本書では、なるべく無駄やエッセイ的な雑談を省き、純粋に「いかにすれば儲けられる投資家になれるか」について徹底的に解説した。ただ、非常に重要でコアなポイントについては、くどさを恐れず繰り返し説明してある。

本書には、株式投資に関するエッセンスがすべて詰まっている。その中には、「損切りをするな」「株式情報誌は読むな」といった常識破りなことも多数含まれている。そのため面食らうこともあるかと思うが、どうか今まで他の書籍等で学んだことは一切忘れ、一から勉強し直すつもりで読んでいただきたい。

本気でこの本を熟読していただければ、必ずや「損をしているばかりの悩める投資家」から、「確実に利益を出せる投資家」に変わることができるはずである。

今泉克也

2014年3月

第2章 確実に利益を出せる投資家になる法
〜自己改造のすすめ〜

第3章 買い時はここだ！
〜誰もが見放した時こそ買い向かえ〜

2 住友電気工業（5802）……【オススメ度】★★★★★・096
3 ツガミ（6101）……【オススメ度】★★★★★・098
4 旭化成（3407）……【オススメ度】★★★★★・100
5 トヨタ自動車（7203）……【オススメ度】★★★★・102
6 三井住友フィナンシャルグループ（8316）……【オススメ度】★★★★・105
7 パナソニック（6752）……【オススメ度】★★★★・107
8 富士通（6702）……【オススメ度】★★★★・110
9 村田製作所（6981）……【オススメ度】★★★★・112
10 ジーエス・ユアサコーポレーション（6674）……【オススメ度】★★★★・114
11 オムロン（6645）……【オススメ度】★★★★・117
12 シャープ（6753）……【オススメ度】★★★・119
13 三菱電機（6503）……【オススメ度】★★★★・121
14 協和発酵キリン（4151）……【オススメ度】★★★★★・123
15 住友化学（4005）……【オススメ度】★★★・125
16 日本板硝子（5202）……【オススメ度】★★★・128
17 J.フロントリテイリング（3086）……【オススメ度】★★★・130

序章

～本書は一過性の流行本ではない～

●なぜ、ほとんどの株式投資関連書が消えていったのか

２０１３年、いわゆる「アベノミクス相場」によって日経平均株価は大幅に上昇した。これにより、書店のビジネス書コーナーには一気に多くの株式投資関連書が並んだ。これまで株に興味のなかった人も株式投資に興味を持つようになり、私自身、いろいろなところで「株ってそんなに儲かるんですか」などと質問されたりするようになった。確かに連日ニュースで「年間で日経平均が2倍近くになった」などと報じられるとそんな疑問や興味を持つのも無理はない。読者の中にも、「これを機会に株式投資を始めようか」とか、「今度こそは今までの損を取り返してやる」と意気込んでおられる方も多いことだろう。

しかし、ぜひとも注意していただきたいことがある。

それは、大半の書籍が上昇相場に乗じて出版され、理想論や精神論に終始したり、到底実現不可能な方法論を説いているに過ぎない、あたかも新宗教の洗脳書のような一過性の流行本であるということである。実際、２００６年から２００７年にかけて日経平均が１

万８０００円を超えたとき、いわゆる「新興市場ブーム」のときにも同じく一気に書店に株の本が並んだことがあった。大学生が数十万円から数億円稼いだだとか、「日経平均は３万円に向かう」だとか、「デイトレードで儲けよう」だとか。中には10万部突破のベストセラーになった本もあるらしい。しかしそのほとんどが絶版となり、消えていった。これは何を意味しているか。

他でもない、それらの本の説く方法論では一般の人、つまり読者は儲からなかったということを意味しているのではないか。もし誰しも儲かる方法論なら、ロングセラーとなり、今でも書店に並んでいるに違いない。

●株で勝つ本質

私の場合で言うと、私は２００７年頃から我流で投資を始めたのだが（実は私も、当時のライブドアの「ホリエモン・ブーム」などに乗っかって株式投資を始めたクチなのだが）、いくら本を読んでもネットの株式情報サイトの解説を読んでも実際の相場では全く役に立たないばかりか、１００万円近い損失を出し、株をやめようと思ったものだ。

その点、本書は全く違う。本書は、父と私が半世紀に及ぶ投資生活の末にたどり着いた、より普遍的で、そして心がけ次第で誰にでもできる投資術を指南するものである。具体的には、**優良銘柄を安い時に買い、上がった時に売る、徹底した逆張り取引**を解説している。これがまさに株で勝つ本質である。

これだけ聞くと簡単なように思えるかもしれないが、（実際に取引経験のある人なら分かると思うが、）実際の相場ではなかなか容易なことではないのである。この当たり前のことがなぜできないのか。それは、**安くなった時に「もっと下がるのでは」という恐怖心を抱くことと、上がった時に「もっと上がるのでは」と根拠のない期待感を持ってしまうこと**である。そのあたりの心の在り方、そして買値・売値の探り方を、チャートを掲げて徹底的に解説した。

私は父の後を継ぎ、資産運用をしているが、その間、高度成長期から始まり、バブル崩壊あり、ＩＴバブルあり、新興市場ブームあり、そしてサブプライム・ローン問題、リーマン・ショックと、様々な荒波があった中、それらを乗り越えて利益を出し続けてきた。その結果「はじめに」にも述べたように資産を5倍以上に拡大させることに成功したわけだが、我々は決して宝くじで一等を取るような大ホームランを狙ってきたわけではない。むしろ、野球で言えば、送りバントを着実に決め、シングルヒットを放って1点を取る、というような、比較的少額の利益（といっても数十万円単位だが）を次々と重ねていった。一見地味に思われるかもしれないが、これこそが株で成功する極意なのである。

さらに、我々を成功に導いた17銘柄を厳選し、解説した。この銘柄情報はまさに父の半世紀の株式研究の成果であり、本書の心臓部ともなる部分である。後にチャートとともに解説するが、一部の書籍や株式情報誌によく載っている、「この銘柄が今、注目だ」といった一時的な注目株では決してない。そのような銘柄は、数年、いや数カ月もすれば投資対象としては忘れ去られるであろう。本書で提示する銘柄は、いずれも日本経済を牽引し、技術立国たらしめ、そして尚且つ値動きが適度に大きく、株式投資に絶好の超優良銘柄ばかりである。我々親子はこれらの銘柄で利益を上げてきた。ぜひ、読者自らもパソコン等でチャートを確認していただきたい。

●株式市場が存在する限り、通用する手法

本書の方法論はもちろん現在の相場でも通用するものであるが、「アベノミクス相場」もいずれは必ず終わり、再び日経平均は下げに転じる時が必ずやって来る。いや、そもそも株とは上がっては下がり、下がっては上がることを繰り返すものである。そのような状況においてこそ、本書で解説する取引手法が力を発揮する時である。

人生が短期決戦でないのと同様、株式投資も長期戦、それも超長期戦である。何しろ読者がこの世に生きている限り、そして日本という国が存在する限り、半永久的に市場は毎

日開いているのだから。本書の内容に従って取引していただければ、株式市場がある限り、本書の内容はどのような相場であれ通用するものであることがお分かりいただけるはずである。

私は父から引き継いだ取引手法に変更してから、着実に利益を出せる投資家に変わった。現に、**一度も負けを経験せず全勝を収め**、2013年だけで私は利確分と含み益を合わせて約600万円の利益を出すことができた。本書ではそのノウハウを余すことなくすべて公開している。読者諸氏にも、短期的な視点にとらわれたり、焦りの心に惑わされることなく、本書の提示する、「時代を超越した取引手法」に従って売買を行っていただきたいと願う。

●慌てて取引を開始してはいけない

ここで一点、本論に入る前に注意してほしいことがある。それは本書の読み方だ。「読み方」といっても、もちろん他の本と同様、第1章から順番に読んでいただければよい。ただ、一つ注意してほしいことがある。「はじめに」で、本書は私が利益を上げてきた具体的銘柄を紹介すると書いたが、それを読んで、「資産を5倍にまで増やした銘柄とは何なのか」と興味を持たれた方は多いのではないだろうか。それらは第6章で紹介しているが、その銘柄だけを見て、他の章を読まずに取引をする、ということだけは絶対にやめてほしい。というのも、銘柄さえ知っていれば勝てる、というわけでは全くないからだ。

適切な買い時を判断する力、買値を下回っても、慌てて損切りをせず持ち続けることのできる冷静さ、欲張りすぎずに確実に売り時を逃さない客観的な姿勢、等々、「メンタル面での自己改革」が絶対に必要だからである。それらについては第1章から第5章で詳細に述べてあるが、それらは、これまでの書籍には書かれていなかったことが多くある。これらをぜひ、熟読してほしい。もちろん、第6章に先に目を通してから返って前の章を読まれるのは構わない。

ただ、銘柄だけを知り、慌てて取引を始めてしまうと大損する、ということは強く強調しておきたい。

第1章

なぜ、個人投資家の8割が損をするのか

～負けの原因は銘柄選びの失敗と焦りの心だ～

1 流行ばかり追い求めているから損をする

●「推奨銘柄」を買ってはいけない

皆さんは株の取引を行うにあたって、何から始められるだろうか。初めて株式口座を開いた人でも、すでに何度も取引を行っている人でも構わない。それは、「銘柄選び」ではなかろうか。皆さんの関心事の8割以上、そこにあると思う。ネット取引全盛の今、株式情報誌はもちろんのこと、インターネットの配信ニュース等でも、続々と「推奨銘柄」が出てきて、それらの中から銘柄を選んでおられる方も多くおられるのではないだろうか。

しかし、そこに大きな落とし穴がある、ということを明言しておく。

往々にして、世の中の「推奨銘柄」は、「最近業績が好調である」とか、「今後の成長が見込まれる」といったものが根拠となっている。つまりは「市場の期待が大きい」というわけだ。それを見ていると、「これは今買わなければいけない」という心理になる。その結果何が起こるか。**典型例が「高値摑みの安値売り」**である。初心者の方のために説明しておくと、上がっている時に慌てて買い、下げに転じると「これ以上持っていると損失が拡大する」と怖くなって売ってしまい、結局損をするということだ。読者もこのような経験があるのではないだろうか？
また、読者の中には、「株式投資とは、今話題になっている銘柄、もしくは今後業績の上振れが期待される銘柄を探すことだ」と勘違いされておられる方がおられないだろうか。それは誤りである、とはっきり言っておく。なぜなら、そうした株はすでに期待を織り込んで高値を付けており、買い時を逃しているからだ。

銘柄選びとは、最新のファッションを追い求めるかのように流行を追いかけることでもなければ、新製品の開発のように市場をリサーチして時代の先を探ることでも決してない。

●「時事的銘柄」を追いかけてはいけない

「先の先を読んで投資しろ」などと言う人もいる。しかし、その「先の先」がどうなっているかなど、誰にも分からないのだ。誰もが知っていることで言えば、例えばリーマン・ショックが起こって、その直前まで8350円の史上最高値を更新したトヨタ株が3000円台まで落ち込むことや、東日本大震災が発生して電力株が急落すること、はたまた安倍首相の経済緩和政策で日経平均株価が急回復することなど、誰が予測していただろうか。個人投資家であれ、機関投資家であれ、株価の将来を予測することなど不可能なのだ。

また、よくある典型例として、時事的銘柄を追いかける人がいる。最近最も話題になったことといえば、2020年に開催が決定した東京オリンピックだ。2013年9月7日にIOC総会で開催地が東京に決定されるや、翌日「鹿島建設（1812）」や「日立建機（6305）」、また「ミズノ（8022）」といった関連銘柄に一気に買いが集中した。しかし、いずれもわずか数日で大きく下げに転じている。これらの銘柄に手を出して損失を出した人も多いのではなかろうか。

そもそも時事的銘柄というのは、ニュースになった途端一瞬で大量の買いが入ってくる。その中で利益を出すことはまずできないと断言しておく。「デイトレで儲けている人もいるではないか」と疑問を呈する人もおられるかもしれないが、そのデイトレがいかに困難で利益を出すことができないかは、後の章で述べたいと思う。

損をする人というのは、例外なく、鼻息荒く「買いの銘柄」を血まなこになって探し、慌てて買い、株価が下げに転じて慌てて売る。これではいけない。

株式投資とは流行を追い求めることではない、このことを深く肝に銘じておいてほしい。ではどうすればよいか。簡単に言えば、繰り返しになるが、「本書で紹介する優良銘柄を安くなった時に買い、高くなった時に売る」ことである。詳しい方法論については第3章以降で詳細に述べる。

この時点ではまだ、読者の中には、「いや、信用できない。ここに書かれていることこそウソなのではないか」と疑われる方もおられよう。そういった方には、決して皮肉の意味ではなく、一度自分なりの方法で取引を試みられてみるのもよいと思う。そこで大損をして初めて、本書に書かれていることが価値のあることと感じ、理解が深まることと思う。株に限った話ではなく、自分で失敗して初めて自分の過ちに気づき、軌道修正されるということは非常によくある話である。

2 株式情報誌や新聞を隅から隅まで読んでも無駄である

●情報とは、付かず離れずの程よい距離感を保つ

私は株式情報誌は全く見ない。むしろ害になるくらいだと思っている。株に興味のある人が書店に入ると、いやが上にも派手な株式情報誌が目に入り、「○○で儲けよう」だとか、「厳選何十株」といった、いかにも購入意欲をそそる文字が目に飛び込んでくる。確かに何が書いてあるのか気がかりになる気持ちは分かる。実は私も株を始めた頃はそういった雑誌を購入し、熱心に読んでいた。しかし、得るものは全くといっていいほどなかった。

なるほど、確かにそれなりによく調べて書かれているし、「これを買えば儲かるのでは

ないか」という気にはなる。何しろ書き手はその道のプロなのだから、何とかして買ってもらおうと誌面に工夫を凝らしている。しかし、**雑誌編集のプロかどうかと株のプロかどうかとは全くもって別物である**。前項でも述べたが雑誌の推奨銘柄など何のアテにもならないし、かえって心に迷いが生じる。「隣の芝は青く見える」という言葉のとおり、今自分がやっていることに自信が持てなくなり、「今の株を手放してこちらの株に乗り換えようか」などという気持ちも出てくる。この、心のブレが冷静な判断力を鈍らせ、結局は売買のタイミングを誤らせる。

第一、編集者は自分の雑誌の発行部数を伸ばすことを至上命題に置いているのであって、読者が儲けようが損しようが全く責任を持っていないのだ。加えて、毎月毎月次から次へと真の「推奨銘柄」が出てくるはずがない。**株式情報誌は、表紙も含め、見ないほうがよい**。あくまで、本書の提示する売買方法に従って取引してほしい。

新聞に関しても同じようなことが言える。もちろん私は新聞自体は基本的に毎日目を通している。しかし、経済面に関しては、あくまで軽く読み流す程度にしている。どの企業の決算がどうであったとか、こんな新製品を研究・開発中であるとか、多くのことが毎日書かれているが、それを元に儲けようとしても、まず無理である。株式市場は非常に早く、おおよそ1年先を見越して取引されていると言われている。**一言で言えば、記事になっている頃には、その情報はすでに株価に織り込まれているのである**（といっても市場が想定していなかったサプライズの決算発表はこの限りではない。詳細は第3章で述べる）。政治面に関しても同じこと。最近では消費増税や参議院選挙が話題であったと思うが、それらはすべて株式市場は織り込み済みである。

そうはいっても、全く新聞を読まなくていいということではない。日本、そして世界の政治・経済情勢をおおまかに理解しておくことは必要だ（ただし経済学者や政治家になるのが目的ではないのだから、詳しく知る必要は全くない）。要は、書かれている情報との付き合い方が大切なのだ。付かず離れずの程よい距離感を保ってほしいのだが、その感覚は本書を読み進めるにつれて身についてくるはずである。

3 株取引とは自分自身との闘いだ

●自分の中にもう一人の自分を作る

株で儲けている人は大した苦労もせず、特殊な方法でラクラク稼いでいるのではないか――そう思われている方も多くおられると思うが、それは大きな誤りである。損をしないためには、メンタル面での改革が絶対に必要なのである。株取引に「メンタル面」というと、中には何のことかと思われる方もおられるかもしれない。しかし、「はじめに」でも述べたが、これは銘柄選びと全く同様に、車の両輪のように非常に重要なことなのである。いくら銘柄選びが正しくても、買い時、売り時を適切かつ冷静に判断できる心を持ちあわせていなければ利益を上げることはできない。

まずもって、**負けの原因は焦りの心である**、ということを強く強調しておきたい。株で勝つというと、あたかもスポーツの試合のように相手があって、その相手に打ち勝つようなイメージを持たれているかもしれないが、実のところ全くパーソナルな、言い換えれば**自分個人の心の問題**なのである。

具体的に述べてみよう。本書では、株価が下げたところで買い、上げたところで売る、いわゆる「逆張り」を指南する（ちなみにその逆が「順張り」である）。買った株が買値を大きく下回ったりすると、誰しも焦りの心、すなわち「もっと下がって大損を出すのではないか」という気持ちになる。そこでいかに平静な精神を保ち、株を持ち続けることができるかどうか。これができないと、慌てて売ってしまい、いつまでたっても「負け続ける投資家」になってしまうのである（**本書で提示している銘柄なら「損切り」の必要がないこ**

とは第4章で述べる)。

利益が出て売るときも同様である。買った株が買値を大きく上回ると、当然嬉しくなる。早く売って利益を確定したい気分になる。そこをグッとこらえ、自分に勝ち、当初の計画どおりの株価に上昇するまで持ちこたえることができるかどうか。

他にもある。買値を順当に上回り続け、どんどん含み益が増えてくると、「今売ってはむしろ損なのではないか。もっと持っていればもっと得をするのではないか」という気分になる。一言で言えば「欲張りすぎ」ということなのだが、これとて冷静であるからそう判断できること。当事者になってしまえば、自分の判断が狂っていることさえ気づかないのだ。

つまりは、いかに自分を客観的に見られるか、言い換えれば自分の中に、さらに違う、自分を一歩引いて見ることのできるもう一人の自分を作ってほしいのである。

目先のわずかな利益に目がくらんでせっかく安く買った株を売ってしまうようではいつまでも大きな利益は出せないし、逆に買値を下回ったからといって焦りの感情に負けて売ってしまうようではいつまでも損ばかり出し続けてしまう。株の売買というのは、まさにこのような誘惑あるいは欲との闘いなのである。

そうかと言って、誘惑に負けない強靭な精神を持て、ということかというとそれはちょっと違う。つまりは、株との距離感が重要なのである。一例で言うと、株価が買値を下回ったとき。懸命になって、あるいは悩み、持ち続ける理由をなんとか探そうという姿勢というよりは、「別に構わない。そのうち上がるだろう」というような気楽な気持ちの持ち方こそが、トレーダーとしての「たくましさ」なのだ。

株にのめり込みすぎるのも全くよくない。例えば、儲けたいという気持ちが強ければ強いほど、株の世界にどっぷりと浸かってしまい、冷静な判断力を失う。あっちの水は甘いぞ、こっちの水は甘いぞとフラフラと誘惑に負け、知らぬ間に当初の計画から外れた行動に出てしまう。これでは資産を増やすことなど、夢のまた夢である。特に感情移入の激しい人などは注意してほしいが、これは心がけ次第で自分を変えることは十分に可能だ。

本書で提示する取引方法は極めてシンプルなものである。しかし、実践する人の心に迷いや過度な欲があれば途端に失敗してしまう。そうならないための心の在り方を、実際に取引する中でじっくりと身につけていただきたい。

第2章

確実に利益を出せる投資家になる法

～自己改造のすすめ～

1 儲かる銘柄を自分で見つけることなど不可能なことを知る

●テクニカル分析もファンダメンタル分析もするだけムダ

株式投資の成否は、銘柄選びでほぼ8割方決まる。誤った銘柄、上がらない銘柄を買ったところで、当然儲けは期待できない。皆さんはどのようにして、何を基準にして銘柄選びを行っておられるだろうか？ ある人は雑誌や書籍で紹介されている銘柄を買われるかもしれないし、ある人は証券会社等の提供するスクリーニング機能を用いられるかもしれない（スクリーニングとは、各種のテクニカル指標で「買いシグナル」が出た銘柄を自動でピックアップしてくれる機能のことである）。あるいは自分で会社四季報等を見て、ファンダメンタル分析を行って銘柄探しを行われるかもしれない。

経験された方なら身を持って感じられていることと思うが、そのどれもがうまくいかないのである。他でもない私自身、それらすべてを試してみて、ことごとく失敗した。

まず雑誌だが、毎月出版するために無理矢理に「厳選銘柄」などと銘打ってあることないこと書き立てているのは先にも述べたとおり。全くもって役に立たない。書籍は毎月というわけではないと思うが、なんとか本を買ってもらおうと、自分で儲けた実績もない銘柄を、さも先高期待株のように紹介しているように思える。

スクリーニング機能は、それだけ聞くと一見非常に有効そうに思えるかもしれない。何しろ数学的な根拠に基づいた分析結果をコンピュータが自動で知らせてくれるのだから、「これこそ使える」と思われた方もおられるのではなかろうか。しかし、実際に出てくる銘柄といえば、聞いたことのないようなマイナーな会社・銘柄ばかり……。テクニカル分析がいかに使い物にならないかは第7章で詳しく述べるが、これらはすべて、過去のデータを用いた後解釈に過ぎないのである。

株の未来を予想することなど決してできない。実際には、「買いシグナル」がついたとしても、いわゆる「騙し」であることも実に多いのだ。それに、当然の話ではあるが、買ったからには上がってくれないと、つまり多数の投資家から「人気がある銘柄」であることが必要なのである。少なくとも私は、聞いたこともない会社の株を買う気には全くなれなかった。

最後にファンダメンタル分析等に基づいた「自力での銘柄発掘」だが、これはまず、徒労に終わるだろう。何しろ東証一部だけで1800銘柄あるのだ。それらを一社一社調べるだけで何日かかることだろう。株式取引はスピードが命である。そうこうしているうちに買い時を逃していることだろう。読者には決して、こんな無駄な努力をしてほしくない。

●億万長者になった人のサクセスストーリーにも乗ってみたが…

私自身の経験を述べておこう。

私は当初、何を買えばよいのかさっぱり分からなかった。株を始めるキッカケになったのが、２００６年の新興市場ブームに乗って億万長者になった人のサクセスストーリーの本を読んだことなのだが、その中で「三菱製鋼（５６３２）」や「大京（８８４０）」でデイトレして何度も利食いした、と書かれてあった。

三菱製鋼は２００５年に最高値９４３円を付けていたが（その本の著者はこの頃に大きな利益を出したと思われる）２００７年頃は６００円ぐらいまで落ちていた。チャートをご覧いただければ分かると思うが、今から思えばこんな状況でデイトレで利益が出るわけがない。それでも「そのうち上がるはずだ」という**勝手な思い込み**が先行して抜け出すことができず、結局損失を出して三菱製鋼から撤退してしまった。現在の株価は２００円台半ば。三菱製鋼は全くもっていっときのマネーゲームに過ぎなかったことが分かる。

「大京」に関してもほとんど同じことの失敗をしてしまった。内容は「三菱製鋼」とほぼ同じなので繰り返さないが、このとき私は「本に書かれていることはアテにならないな」と感じた。

三菱製鋼　月足

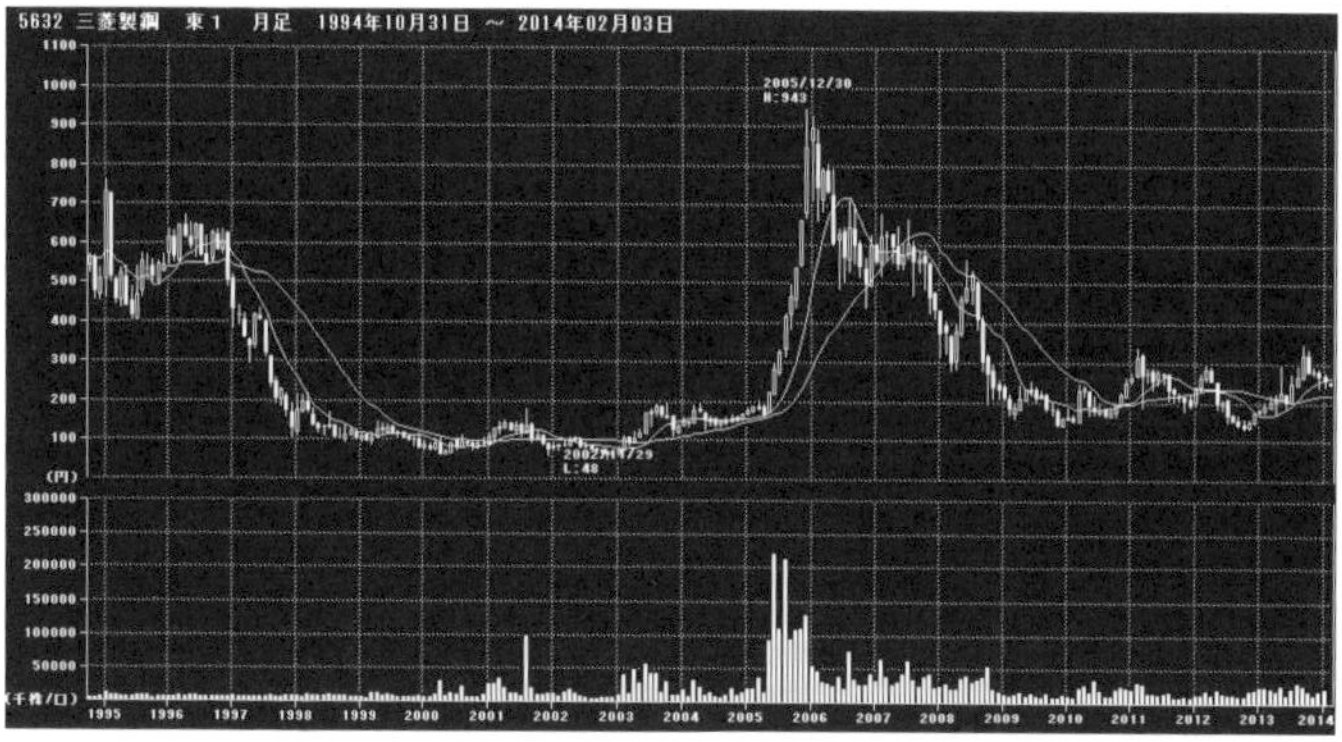
5632 三菱製鋼　東１　月足　1994年10月31日 ～ 2014年02月03日
2005/12/30
H:943
L:48

大京　月足

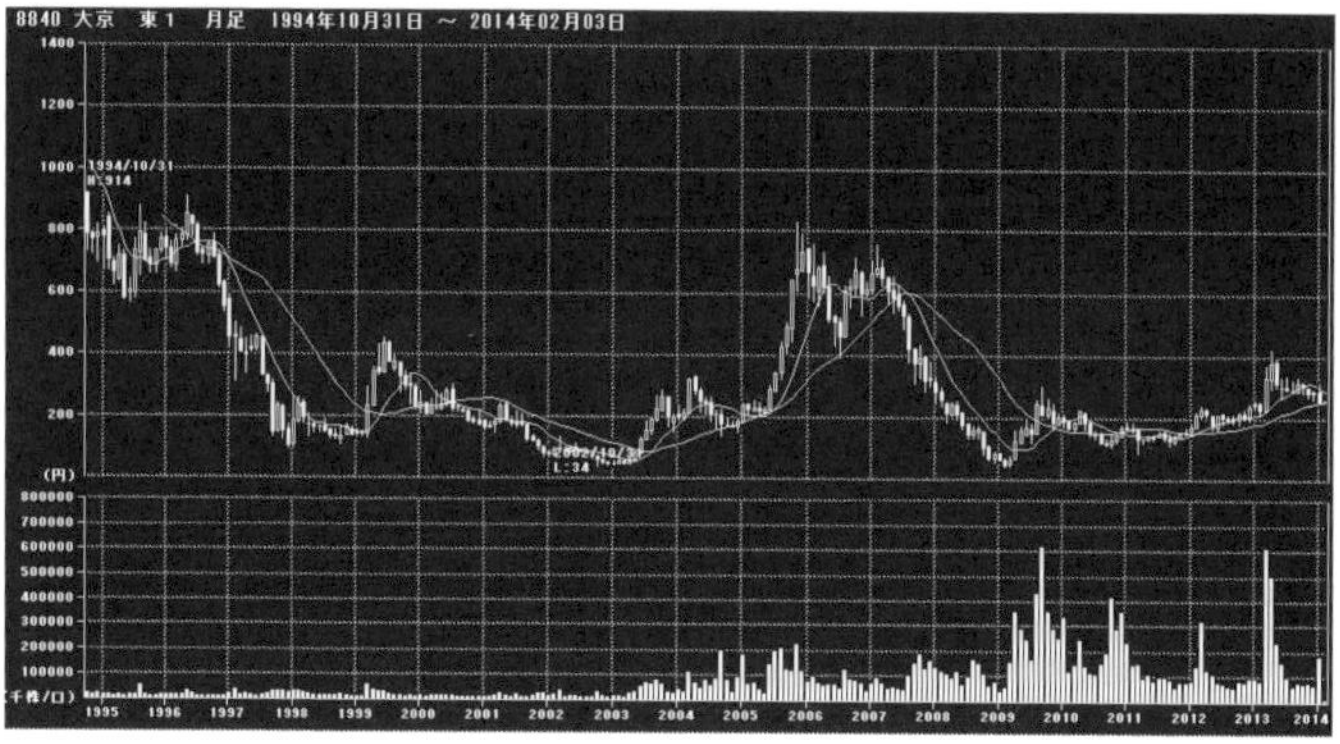
8840 大京　東１　月足　1994年10月31日 ～ 2014年02月03日
1994/10/31
H:914
L:34

もう一つ、自分で探した銘柄として「グンゼ（３００２）」があった。グンゼなら誰もが知る有名企業だし、肌着メーカーとして安定性もありそうで、また、タッチパネルの開発も行っている、尚且つ配当も良いとのことで期待して買ったのだが、ことごとく裏切られた。チャートは読者ご自身でご確認いただきたいと思うが、２０１４年の今も低位に推移している。

その他、私の知人も、「これからは電気自動車、太陽発電の時代だ」といって「三菱自動車（７２１１）」や「三洋電機」の株を買って失敗したり、ファミリーレストランを展開する「サイゼリヤ（７５８１）」の株を買って失敗していた。

他にも失敗談はあるのだが、これだけ提示すれば充分であろう。自分で銘柄を探すことなど、まず不可能と考えておいたほうがよい。賢明なる読者の皆さんは、我々のような轍を踏む必要は全くない。**我流を捨て、本書の提示する「推奨銘柄」のみを取引するべきである。**

第６章でチャートを示すがこれらの銘柄は、いったん下がっても不思議とモリモリと再浮上してくるのである。このため面白いように利益が出る。なぜこうなるのかは本当に今でも分からないのだが、これこそが本書の真髄と言ってよい。

2 株価の動きは予測できるものではないことを知る

●大雑把に「高値」「安値」が判断できれば充分

読者の中には、「株というのは値動きを予測して儲けるものだ」とか、「株で勝つ人は株価の予測が上手いのではないか」などと思い、なんとかして株価を予測できるようになろうとトレーニングしている人がおられはしないだろうか。

しかしそれは全くの無駄である、とはっきりと言っておく。

株価の予測というのは決して何人たりとてできるものではない。今年出版された本の中にも、様々な理論を駆使して「株価の動きを予測して儲ける」という趣旨の本がいまだに大量に出回っていることに本当に驚く。昔からあるのは、ボリンジャーバンド、ボリュームレシオ、RSI、一目均衡表、騰落レシオといったいわゆるテクニカル指標であるが、前述のとおり、これらはすべて過去の値動きを元に算出した後解釈に過ぎず、決して未来を予測できるものではない。それればかりか、最近は私も全く知らない株価理論を解説している本もあるが、**それらを理解する必要は全くないどころか、読んだところで時間の無駄である。**

最も単純である「ゴールデンクロス」、「デッドクロス」さえも知っている必要はないくらいだ。ゴールデンクロスとは、日足チャートで言えば、５日移動平均線が25日移動平均線を下から上に突き抜ける形を形成したときのことを言うが、例えば下図の「日産自動車（７２０１）」を見ていただきたい。

２０１３年９月中旬から10月中旬にかけて小さなゴールデンクロスが形成されているのが確認できるが、その後上昇基調に乗っているかといえば全くそんなことはない。そればかりか、11月４日に発表された決算発表が嫌気されてその後株価は急落している。

他にも、「三菱自動車工業（７２１１）」。

ゴールデンクロス後も株価が上がらない例 ①

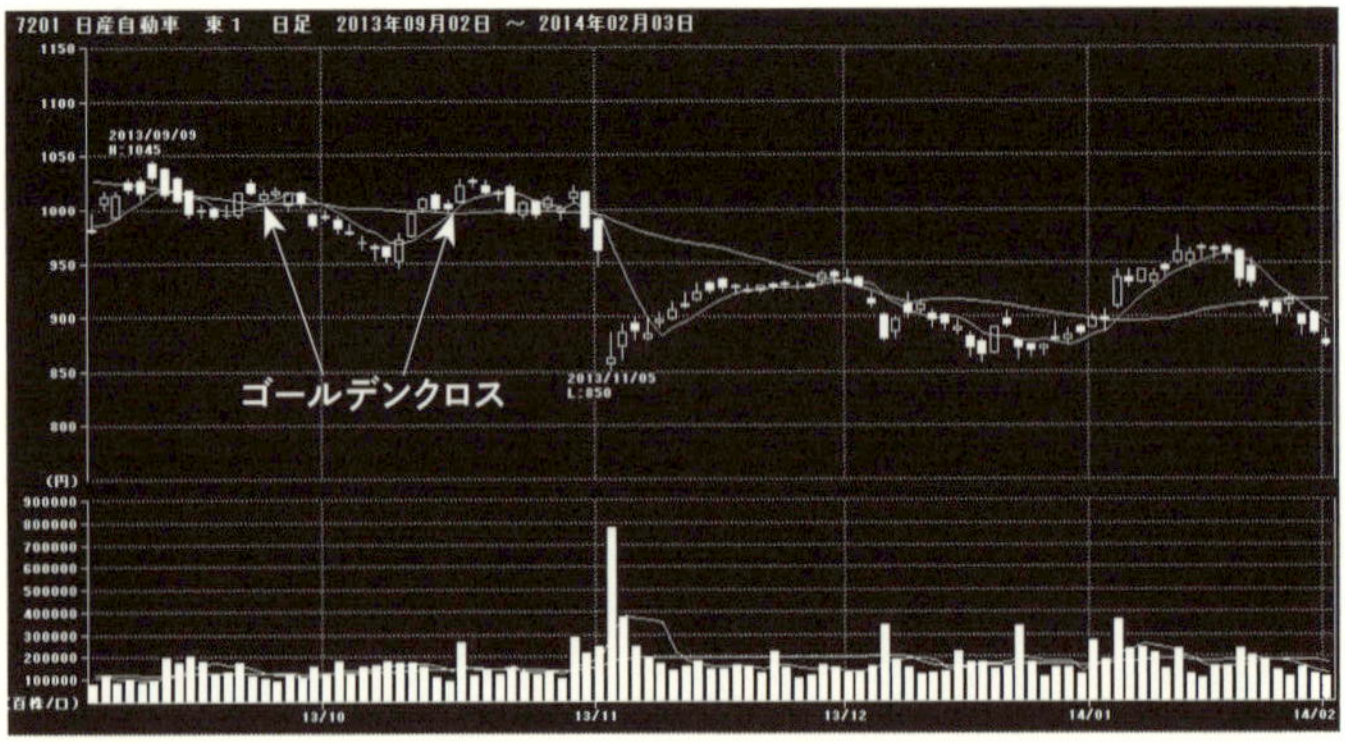

9月1日から1月31日にかけて小さなゴールデンクロスがいくつも形成されているが、一時期株価が急騰した時はあるものの、株価は全く冴えない。

　このように、ゴールデンクロスが形成されたからといってその株がそのまま上がり続けるという保証は全くない。


　では、「株価の予測ができないのにあなたはどうして儲けているのだ」という疑問を持たれることだろう。それは全く本質的な質問である。

　私は、株価の買い時、売り時を判断するにあたって、**ローソク足を最も参考にしている**。日足も重要であるが、週足、月足で見て、「だいたい今は安値圏だな。もうあ

ゴールデンクロス後も株価が上がらない例 ②

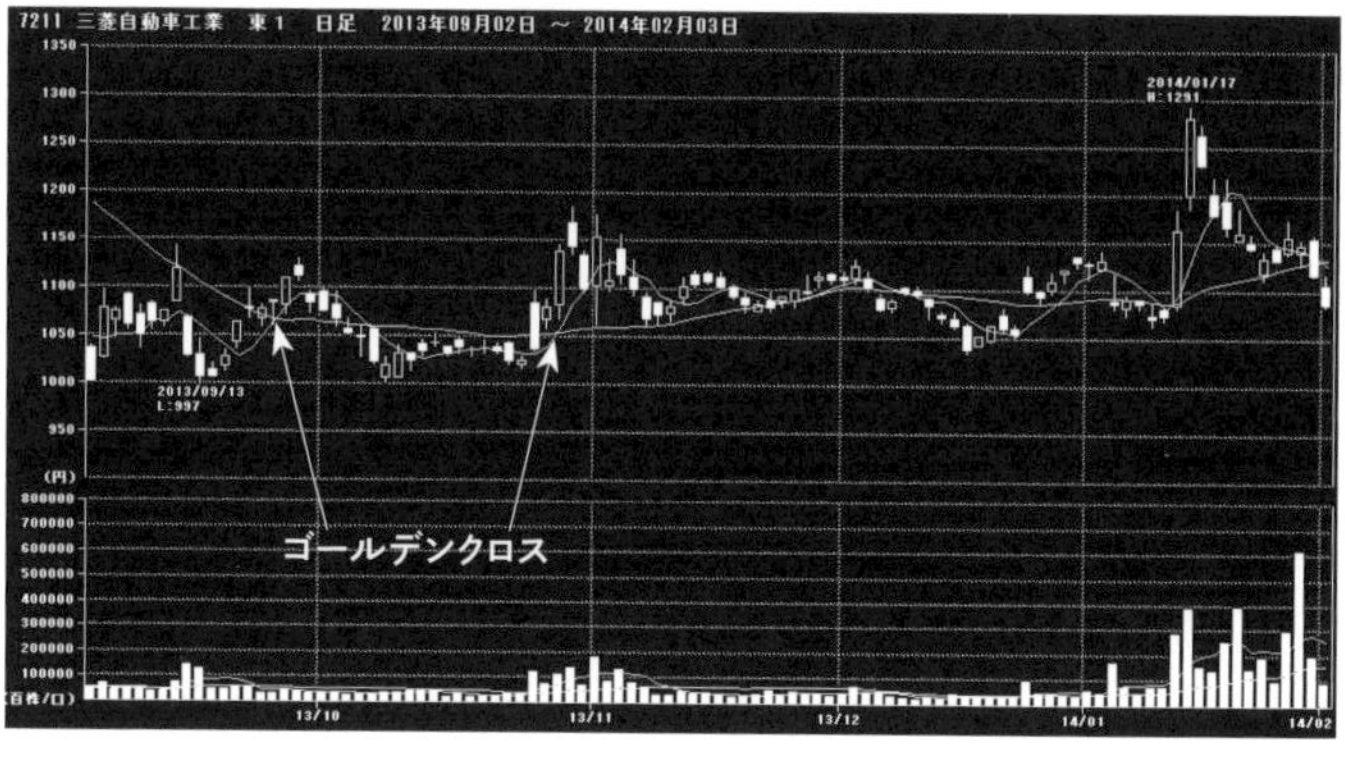

まり下がらないのではないか」とか、「過去の株価から見て今はけっこうな高値圏だな。これ以上はあまり上がらないだろう」といった**大雑把なことを判断基準にしている**のである。意外に思われた方も多いのではないだろうか。しかし、それ以外に判断基準はないのである。

繰り返すが、株価の動きを予想しようとしても、決してできるものではない。

3 難しい投資理論を理解する必要はない

●知識が邪魔をし、正しい判断を誤らせる

前節でも述べたことだが、たいへん重要なことであるので、節を改めて書いておきたい。あわせて、追記しておきたいこともある。

今書店に行けば所狭しと株式投資関連書が並んでいて、皆さんはどれを買えばよいかとか、「この本に書いてあることを理解すれば儲けることができるのではないか」もしくは「理解できなければ儲けることはできないのではないか」と思われているのではなかろうか。しかしここではっきりと言っておく。そのような本を読む必要はない、と。

もちろん、一度も株の取引をしたことがない人なら、「誰にでも分かる株入門書」といっ

た類の入門書を買う必要はあるとは思う。基本的な株式用語やチャートの見方を知らないのなら、まずそれを知ってもらう必要はある。

それはともかく、私はこの本を書くにあたってザッと書店の株関連の書籍を眺めてきたが、よくもまあ次から次へと新しい「理論」を創り出して長々と解説が書けるものだと思った。パラパラとページをめくっただけでも知らないことだらけ。なんのこっちゃと言いたくなるような、聞いたこともない用語も綺羅星のごとく並んでいる。

私には、それらの本は著者が知識をひけらかしているだけのものに思えてならない。あるいは新しい方法論を提示しないと買ってもらえないと思っているのだろうか？

株で勝つ要素は、株式理論の理解の深さや知識の多さでは全くないのだ。いやむしろ、そういった知識が邪魔をし、正しい判断を誤らせることすらある。

株で勝つには、「安く買って高く売ること」、それがすべてである。そしてそのために必要な要素とは、「銘柄選び」「心の在り方」そして「経験」である。

銘柄選びと心の在り方の重要さについてはすでに何度か述べているが、**株というのは間違いなく経験によって「上達」するものだ。**例えばある銘柄のチャートをパッと見せられたとき、経験の少ない人は何をどうすればよいか、いくらで買っていくらで売ればいいのか全く分からないかもしれない。そのチャートの中で、例えば「500円」という値段を提示されてもそれが高いのか安いのか分からないだろう。

しかし同じ「500円」でも、経験を積んでくるとそれが高いのか安いのか、あるいはそのどちらでもない中途半端な値段かをだんだんと判断できるようになってくるのである。

とはいえ、経験を積むといっても、負ける経験ばかり積んでいてはやる気も失せるし、第一経済的にも苦しくなってしまっては元も子もない。そこでぜひ読者にオススメしたいのが、「シミュレーション」だ。どの証券会社のトレードソフトにも、たいていはシミュレーション・モードが付いていると思う。なければ自分でノートに書き留めておいても構わない。これで練習を重ねる。実際やってみると分かるが、シミュレーションとはいえ、**頭の中で考えているだけと、実際に買ってみるのとは大違いなのである。**実際に買ってみることによって、買うときの心理や、値段の見え方が格段に違ってくる。

この本を読み終えたら、早速に（シミュレーションではなく）実際に株を買ってみたくなることと思うが、よほどのドンピシャのタイミングに巡り合うことを除いて、たいていは高値を摑んでしまうことになると思う。いや、むしろそうなるのが当然だ。この本を読み終えた翌日に「買い」の値段を付けているほど市場は甘いものではない。むしろ市場は半永久的に開いているのだから、数カ月ぐらいは待つつもりで、まずはシミュレーションから始めてほしい。その後から実際の取引を始めても全く遅くはない。焦りは禁物である。

4 儲かる人と、損をする人とでは心理が違う

株は心理戦の面が非常に強い。第1章でも述べたが、まさに自分自身との闘いだ。私の周りを見てみても、勝つ人、負ける人との違いというのは確かにあるように思う。代表例を列挙してみよう。

●損をする人の心理

①常に大儲けすることを夢見ている

一般的には夢を見ることは前向きになれるし良いことだ。しかし、こと株式投資に関しては全くマイナスである。というのは、仕事や学業なら、大成することを夢見ていればそれが意欲につながり、努力次第で結果も出るが、株価は自分の努力ではどうにもできない。結果、「自分の思いどおりにならない」とイライラし、焦り、冷静な判断ができなくなる。

②せっかちである

せっかちな人というのは勝ちを急ぎたがる。買値を多少でも上回るとすぐに売りたがる。これでは大きな利益を上げることはできない。目標とする株価に到達するまで静かに待てなければならない。

③感情の起伏が激しい

カッとなったり舞い上がったり、落ち込みが激しい人。こういった人も要注意である。株というのは必ず上下するものだ。その都度一喜一憂したりしているとやはり正確な判断ができなくなる。特に注意してほしいのが落ち込みやすい人。**株価を最安値で買うことというのは絶対にできないと思ってほしい。**当然買値を下回る状況も出てくる。そういったときに、「ああ、もうダメだ」と悲観して株を手放してしまう。こんなことをしているといつまでたっても儲けることはできない。

④一つのことにハマると我を忘れて没頭する

仕事や事業であるとか、趣味の世界では、没頭するというのは成功する要素ではある。しかし、株に関しては全く逆効果となる。先にも書いたが、「株との距離感」を持つことが重要である。また、後で述べるが、分散投資は株の基本である。のめり込む人というのは、一銘柄にとらわれやすい。常に広い視野を持って、心に余裕を持って市場を眺める姿勢が大切である。

⑤過ぎ去ったことをいつまでも引きずる

よくあるのが、自分が売った株がその後もっと上げていったとき。「あのとき、売らなければもっと儲かっていたのに」とよくよくする。そういう人は次なる投資に新しい新鮮な気分で取り組むことができない。たとえ売ったあとにいくら上がろうとも、「よく上がったなあ」と他人事のように思うことが大切だ。

●儲かる人の心理

①無感動である

芸術や音楽の世界では感動する心を持つことは非常に重要なことだ。しかし、株で勝つ人というのは、決して感情的でもなければ感傷的でもない。感情に流されない、それが株で勝つコツである。

②無欲である

「絶対儲けてやる」などと意気込むと、途端に株式市場は背を向ける。もちろん株をやるからには誰しも儲けたいわけだが、意気込みすぎるのは絶対によくない。また、物欲が強い人も要注意だ。往々にして物欲というのは一時的な感情である。一時的な感情に負ける人は、株でも勝つことはできない。

③一喜一憂しない

株というのはあくまで長期戦である。日々の値動きに一喜一憂していては、まず精神が持たない。株を続けるのがイヤになる。日経平均が一日に500円下がろうと、逆に500円上がろうと、「明日はどうなるか分からないな」くらいに気楽に考えることだ。

④物事と常に距離を置く

「損をする人」の逆であるが、儲かる人は株式市場との距離感を心得ている。「上がったら売るし、下がったら買う。ひとごとだ」というくらいの余裕がほしい。

⑤儲かっても淡々としている

これも非常に重要なことだ。とりわけ初めて利益を出した人などは、大いに舞い上がるかもしれない。ここがまた、一つの落とし穴である。喜びすぎると、味を占め、早く次の株を買いたくなり、本来の買い時でないときに買ってしまう。

たとえ儲かっても、平常心を保つことが必要である。

以上述べてみたが、「自分は『損をする人』に当てはまる」と思われた方もおられるかもしれない。しかし、心配する必要はない。株以外のプライベートはいざ知らず、**こと株式投資に関する限り、自分を変えることは心がけ次第で充分可能である。**実は取りも直さず、私自身、個人的には「損をする人」に大いに当てはまるのだ（といっても自分の性格の欠点を書き並べたわけではない。念のため）。それを、父の態度を手本に、自分を改造していった。

読者の皆さんも、ぜひ自己改造し、「儲かる人」になってほしい。

5 資産の7割を株に費やせ

●小遣い程度の利益でよいのか、大金を手にしたいのか

こう書くと驚く人もいるかもしれない。実際、FP（ファイナンシャルプランナー）や証券マンに言わせると、株式投資は資産の4分の1か、多くとも3分の1にとどめておくようにという人が多いようだ。無論、株は投資信託や債券と違って、ハイリスク・ハイリターンであるからこうしたスタンスになるのであろう。顧客の生活を破綻させてはならない、という気持ちからかもしれない。

なるほどわずかな小遣い程度の利益でよいのならそれでよいかもしれない。しかし、大金を手にしたいのならそれでは全く不十分である。

私の父は、母も含め5人の扶養家族がいたが、常に資産の7割程度を株に費やしていた。現在の私もおおよその程度の資産運用を行っている。

そんなに多くの額を株に変えてしまって大丈夫か、と当然多くの人が心配することだろう。しかし、本書で紹介する優良銘柄（今後**「必勝銘柄」**と呼ぶことにしよう）ならその心配はない、と自信を持って言っておく。確かに株であるから上がり下がりはある。しかし

下がっても必ず上がってくるのが本書必勝銘柄の魅力である。前にも述べたが、これらの銘柄は、何十年も日本経済を牽引してきた超優良企業である。これらが簡単に倒産してしまうほど、日本経済はヤワなものではない。

もちろん、各家庭の事情があるから一律に7割というわけにはいかないだろう。例えば預金が100万円の人が7割株に費やすと残りは30万円。これでは実際の生活に支障をきたしかねない。例えば預金200万円の人なら4割とか、500万円の人なら6割とか、そこは各人の資産にあわせて調整してほしい。

ただ、利益が出て資産が増えてきたり、毎月の給与からの貯金で現金が増えてきたりしたら、徐々に株に投資する金額を増やしていってほしい。

6 分散投資は株の基本

●一銘柄集中投資は、身を滅ぼす

株に限らず、投資の基本は分散投資なのだが、本書での取引法でもそれは同じである。一銘柄に資金を集中するのではなく、なるべく多くの銘柄にまんべんなく資金を分散させてほしい。分散投資の目的は、言うまでもなくリスク回避である。ある銘柄が大きく下がっても、他の銘柄はそれほど下がっていないとか、むしろ逆行高になることも往々にしてある。精神的にも楽になる。たとえ全面安の相場でも、「自分の持っている株の中にはそれほど下がっていない株もある」と思えると冷静を保つことができる。

この分散投資、口で言うと「そんなの当たり前じゃないか」と思われるかもしれないが、意外と難しい面もある。「必勝銘柄」は17銘柄あるが、それらの値動き（チャートも含む）を日々チェックするだけでもなかなか大変な作業なのである。毎日、全銘柄を日足・週足、ときには月足も見て、「そろそろ買い時だな」とか、「まだ売るには早いな。もう少し待とう」と一つ一つの銘柄について判断していくだけでも相当骨の折れる作業なのだ。

それに人間、どうしても一つのことにとらわれやすい。とりわけ儲けを出すことができた銘柄があれば、どうしてもその銘柄の値動きが気になってしまって、他の銘柄のチェックがおろそかになりがちだ。私の例を挙げると、私の家族の者が「三井住友フィナンシャルグループ（８３１６）」で大きな利益を出すことができたため、「この1本でいく」とさらなる資金を投入しようとしたためやめさせたことがある。

なるべく大局的に、相場を見られるようになってほしい。もっとも、今すぐ複数の銘柄を買う資金がない、という方もおられるだろう。そういう場合は最初は1銘柄から始めるのも仕方ない。しかし、利益が増えるにつれ、2銘柄、3銘柄と増やしていってほしい。

尚、以前に読んだ某有名トレーダーの本に書いてあったのだが、その著者は1銘柄で1000万円の利益を出すことができたという。そのときの方法はといえば、とある1銘柄にありったけの資金すべてを投入したという。たまたま成功したからよかったものの、読者の皆さんはこのようなことは絶対にやめてほしい。身を滅ぼすだけである。

7 PERはあくまで目安とする

●「PER」を額面どおり受け取ってはいけない理由

PER（株価収益率）は、確かに重要な株価指標である。これを参考に「買い」の銘柄を探しておられる方は非常に多いのではないだろうか。復習しておくと、

PER＝（株価）÷（1株あたりの利益）

である。PERには「実績PER」と「予想PER」があるが、普通は「予想PER」が使われることが多い。すなわち、一般的には

PER＝（株価）÷（今期の予想される1株あたりの利益）

である。

このPERについて、ぜひとも知っておいてほしいことがある。ものの本によれば、「PERは20〜30が適正。それ以下は割安、それ以上は割高である」と書いてあった。言葉の解釈にもよるが、この言葉を額面どおり受け取ると非常に危険である。確かに、相対的な意味ではそれは正しいかもしれない。しかし、

「PERが低い＝割安＝先高期待感が高い」、逆に「PERが高い＝割高＝もうあまり上がらない」

では決してないのである。

雑誌等には、「低PER株を探せ」と銘打って、そういった株を紹介しているものもある。読者の皆さんにも、「PERが低い銘柄を買ったのにちっとも上がらない」と嘆いておられる方はおられないだろうか。しかし裏を返せば、

「PERが低い＝人気がない、市場から期待されていない」、「PERが高い＝人気が高い、市場から将来を期待されている」とも解釈できるのである。

実際、例えば「大京（8840）」だが、本原稿執筆時点でPER＝4・94。全く株価が冴えないのは先に掲げたチャートのとおりだ。私自身、「大京」に手を出したのはPERが低かったからというのも大きな理由の一つであった。当時、たしかPERが8程度だったと覚えている。「適正PERが20～30なら、株価は少なくともこの倍以上になるのではないか」などと勝手な期待を持っていた。しかし、株価は上がるどころかひたすらに下げていった。

逆の例を言えば、「ソフトバンク（9984）」。たしか、2007年当時はPERは30を超えていたと記憶している。そのときの株価は約3000円。それなら割高のはずなのに、途中リーマン・ショックで低迷

ソフトバンク　月足

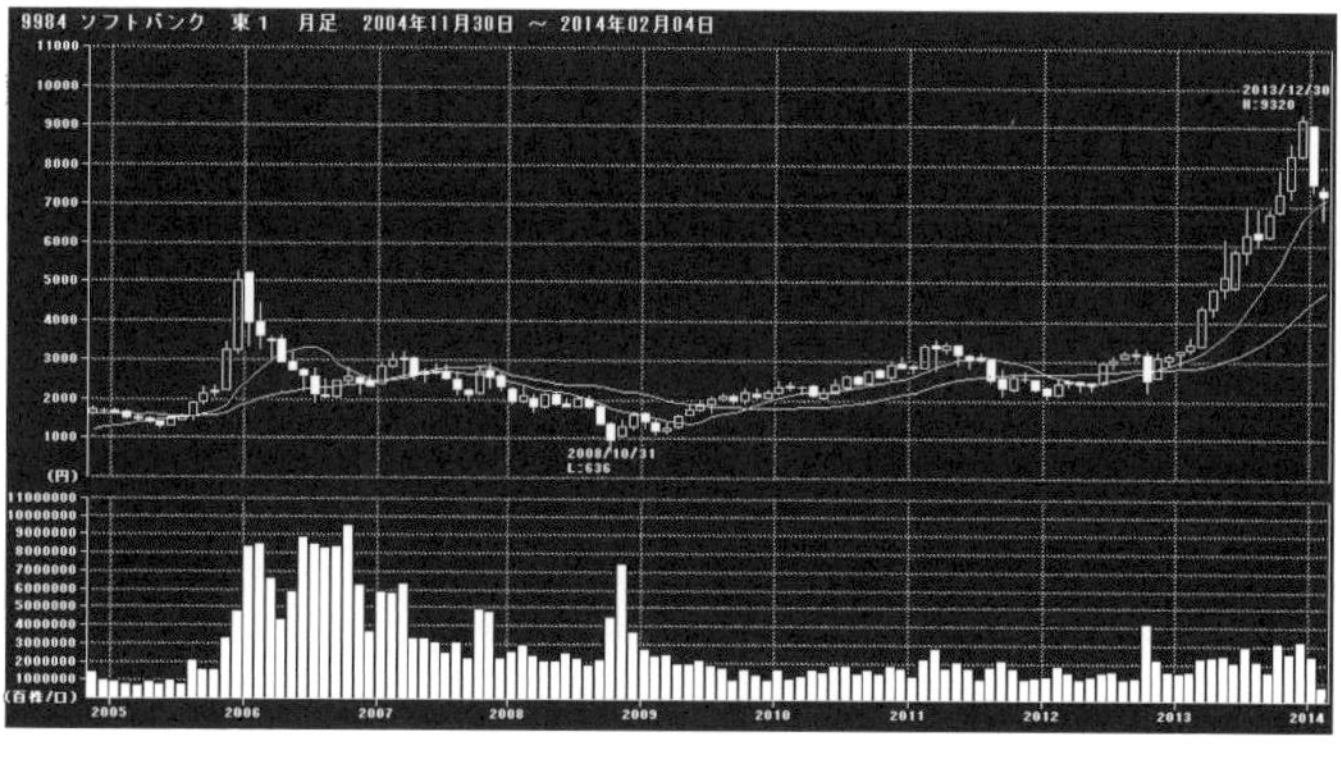

したときはあるものの、今の株価は７０００円を超えている。

ここで挙げた例は2例であるが、**ＰＥＲと株価の値動きとはほとんど関係がない。**つまり、投資家、それも主に市場を動かしている機関投資家や外国人投資家はいちいちＰＥＲなど見ていないと思われる。


若干ではあるが例外的な事柄はある。ＰＥＲが１００を超えている銘柄だ。これはマネーゲームが過熱している可能性が高い。１９８８年のバブル期では、主要な銘柄のほとんどがＰＥＲが１００以上になっていたという（今日ではあり得ない話だが）。そういった銘柄には決して手を出してはならない。

ただ、例外もある。例えば「シャープ（６７５３）」のように、来期に大幅な増益を計画している企業もあり、それを織り込んでＰＥＲが１００を超えている銘柄もある。

ＰＥＲを確認するときは、今期だけでなく、「会社四季報」で来期の業績予想も確認するようにしよう。

第3章

買い時はここだ！

～誰もが見放した時こそ買い向かえ～

1 徹底した逆張りに徹せよ

●他人と同じことをしていては儲からない

それではいよいよ本論に入ろう。

すでに何度か述べているとおり、**株で勝つには「徹底した逆張り」に徹するべきである。つまり、株価が安くなった時に買うべきである。**

徹底してこのことを実践している人は意外に少ないのではなかろうか。いやむしろ、少ないからこそ、逆張りを実践している人間が儲けられるのだ（仮に全員が安くなった時に買っていれば、株価が下がることはないだろう）。慌てて売る人間がいてくれるからこそ買い場が訪れ、安い価格で株を買うことができるのだ。

とはいえ、安い時に買うということはなかなか勇気のいるものである。というのも、株価が下がるにはそれなりに理由があるからだ。例えば、

- **決算発表があって下方修正があった、もしくは市場予想を下回った**
- **証券会社が目標株価を下げた**

・前日のニューヨーク株が大きく下げた
・為替レートが上がった（輸出企業の場合）
・株価が上がりすぎて買い手不在になった
・新製品の開発が中止になった

などなど。いずれも初めは買いたい気分にはならないかもしれない。しかし、私はそういった時こそ買い意欲が強くなる。市場参加者の多くが「リスク回避」などといって株から資金を引き上げて債券に振り向けた時、個人投資家や機関投資家が「損切りだ」などといって株を手放している時、下がって持っているのが怖くなって投げ売っている時、「あんな株を今買っても仕方ない」と思われている時、言うなれば**「誰もが見放した時」こそが「買い時」なのだ。**

私の父は、「（株は）誰もが見向きもしていない時に買え」と言っていたのを覚えている。非常に本質的な言葉だと思う。序章で書いたとおり、流行を追い求めていてはダメ、人と同じことをやっていては決してダメなのだ。

誰もから見放された時、そして自分自身さえも「この株はもうダメなんじゃないか」と思い始めた時、そんな時にこそ勇気を持って買いを入れるのである。その恐怖心に打ち勝ってこそ、株を安値で買うことができる。

●上がっている時には絶対買うな

ついでに書いておくと、**上がった時に買うこと（「順張り」）は絶対にやってはいけない。**本書「必勝銘柄」でも、何かの拍子に急騰することがよくある。そういうとき、人間心理として、「今買っておかなければ取り残されるのではないか」という気になる。あるいは「この時こそデイトレで一儲けしよう」と意気込む人もいるかもしれない。ここが最大の落とし穴である。私の苦い経験からも、そういうときはほぼ100%、「高値掴み」に終わって大失敗すると思っておいたほうがよい。

株価を見ていて、どんどん上がっていくと気持ちも焦って「買い損なった。今ならまだ間に合うかもしれない」などと、何の根拠もないことを考え出す。そういうときは冷静さを失っている時である。いくら上がっていようが、ネット掲示板（これほどいい加減なものはないが）で騒がれていようとも、必ず下げる時は来る。何とか誘惑に負けずに、耐えていただきたい（何度か経験すれば他人事のように受け流せるようになるだろう）。事実、私の父は上げている時に買ったことは一度もなく、むしろ冷ややかな目で見ていた。

●「買い」タイミングは週足、月足でつかむ

それでは具体的にどのような時が「買い」なのか、チャートとともに説明していこう。

まずは、推奨銘柄の代表でもある「大日本スクリーン（7735）」から。

日足のチャートを掲げたが、これでは何のことか分からないかもしれない。そこで、週足で見てみる（次ページ図参照）。

小刻みに株価が上下しているのが分かると思う。この上下動のことを「振動」と呼ぼう。銘柄によるところも大きいがおおよそ過去1年から2、3年見てみて、**振動が確認できれば、その振幅の底あたりが買い時である。**

大日本スクリーン　日足

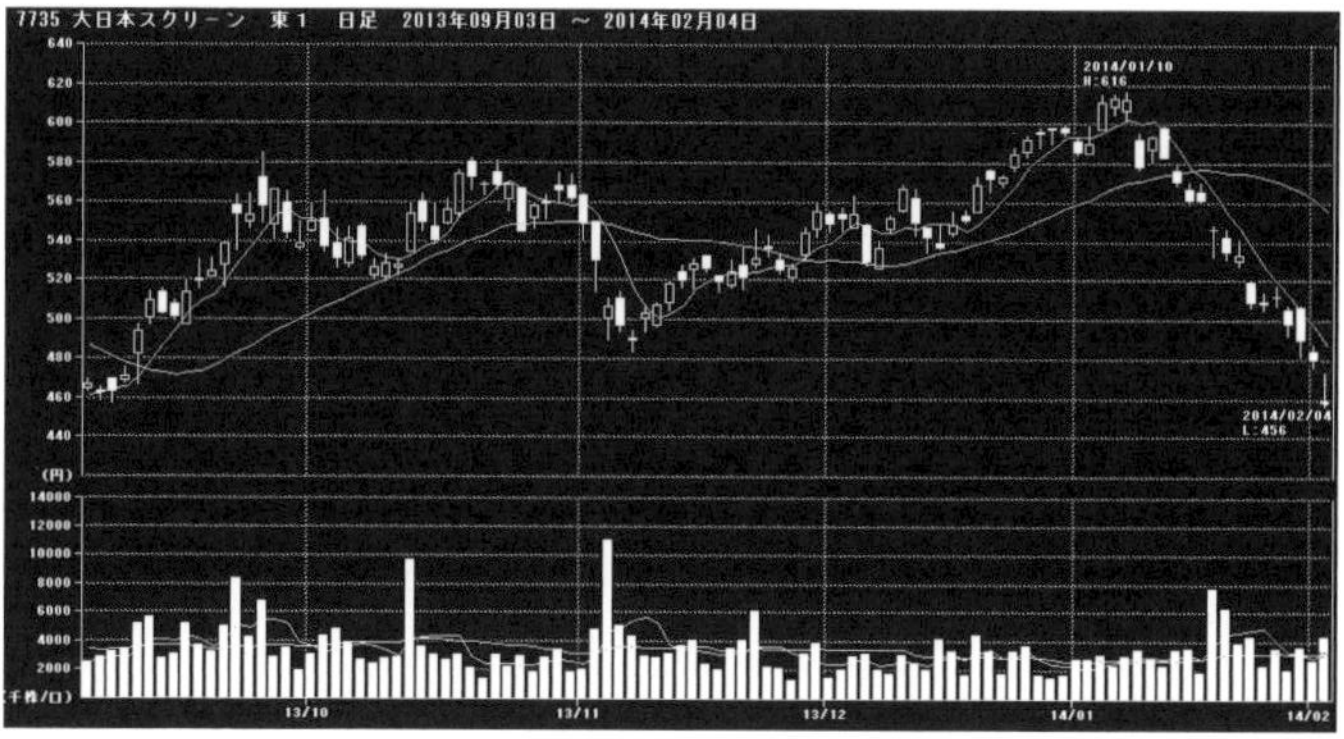

このように、チャートは日足ではなく、ぜひ週足で見てほしい。事実、私はこの「大日本スクリーン」で何度となく利食いしている。私の得意銘柄である。皆さんにもぜひお勧めしたい。

次に「旭化成（3407）」を見てみよう。これも、日足で見てみるといつ売買すればよいのか分からないことと思う。

週足で見てみてもどうか。

上がっているばかりで、振動が確認できず、いつ買えばよいのか分からない。ところが月足で見ると一気に視界が変わってくる（58ページ図参照）。

週足で見た大日本スクリーンの買い時

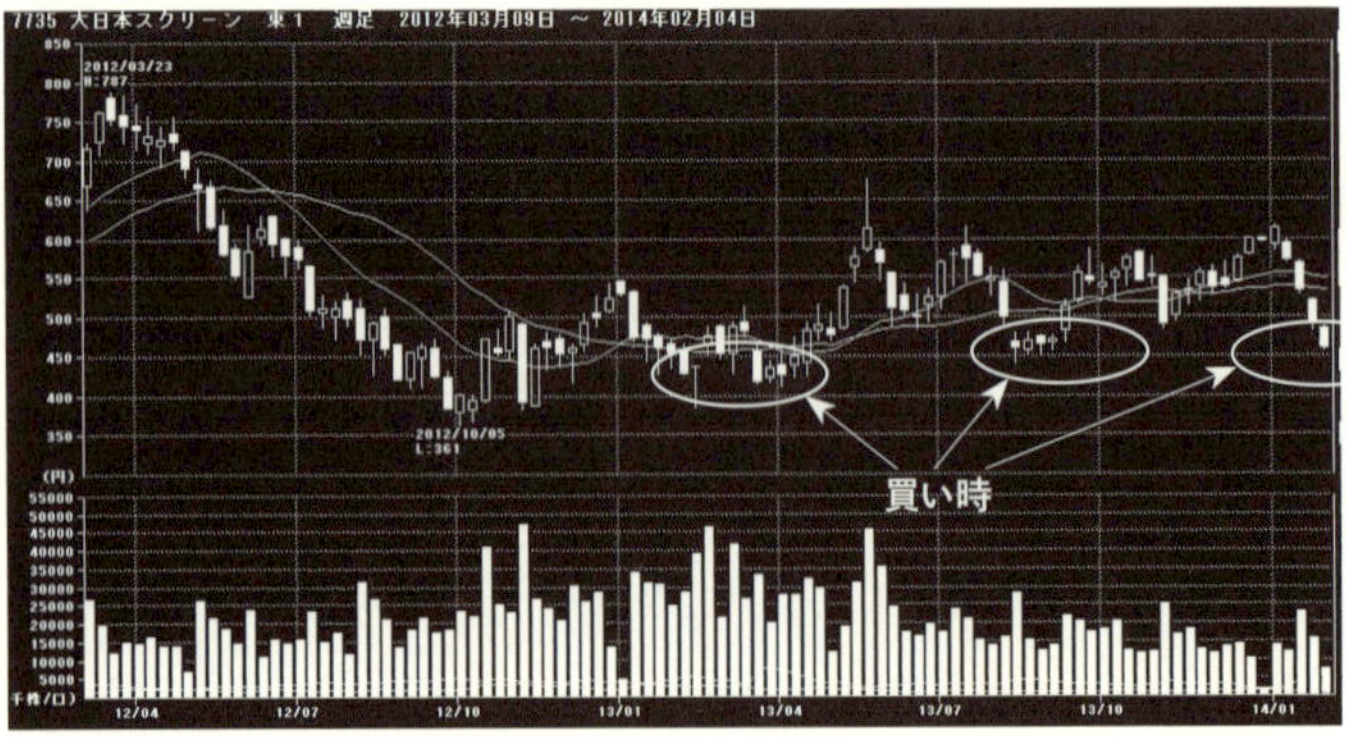

旭化成　日足

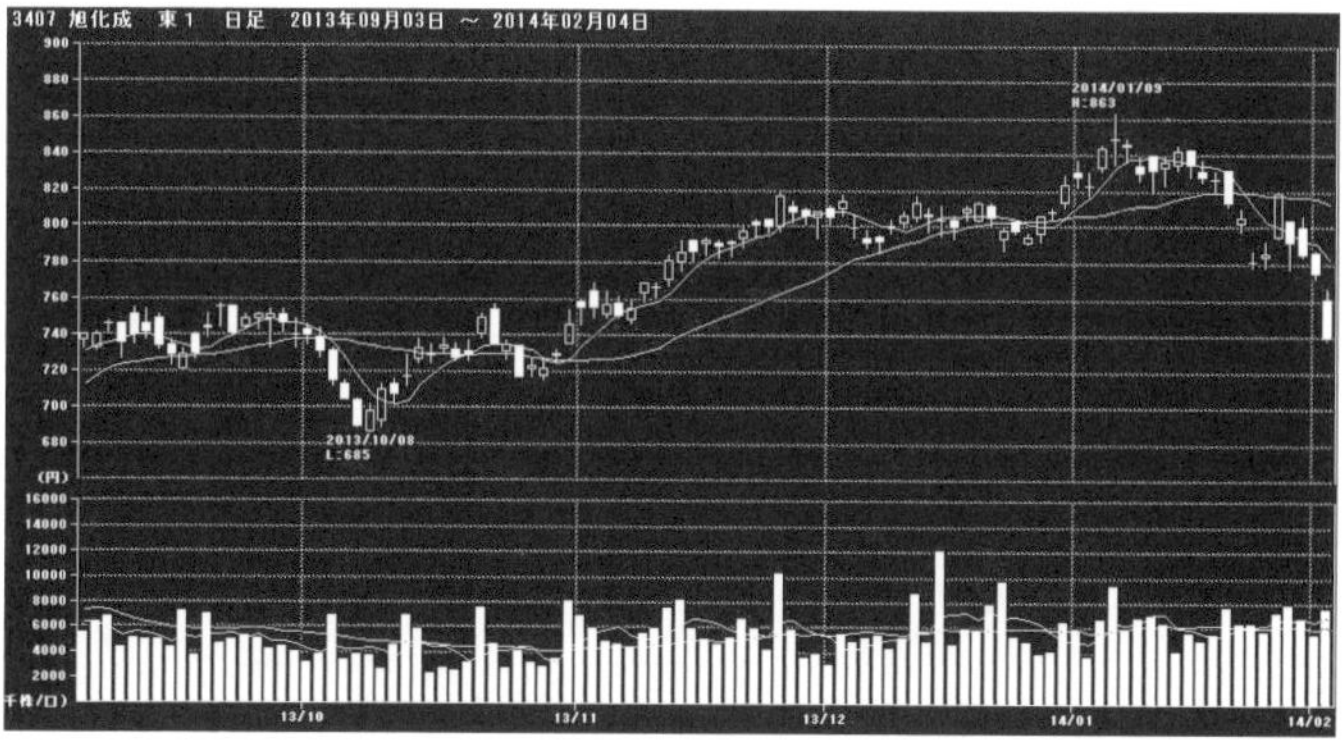
3407 旭化成　東1　日足　2013年09月03日 ～ 2014年02月04日
2014/01/09
H:863
2013/10/08
L:685
(円)
千株/口
13/10
13/11
13/12
14/01
14/02

旭化成　週足

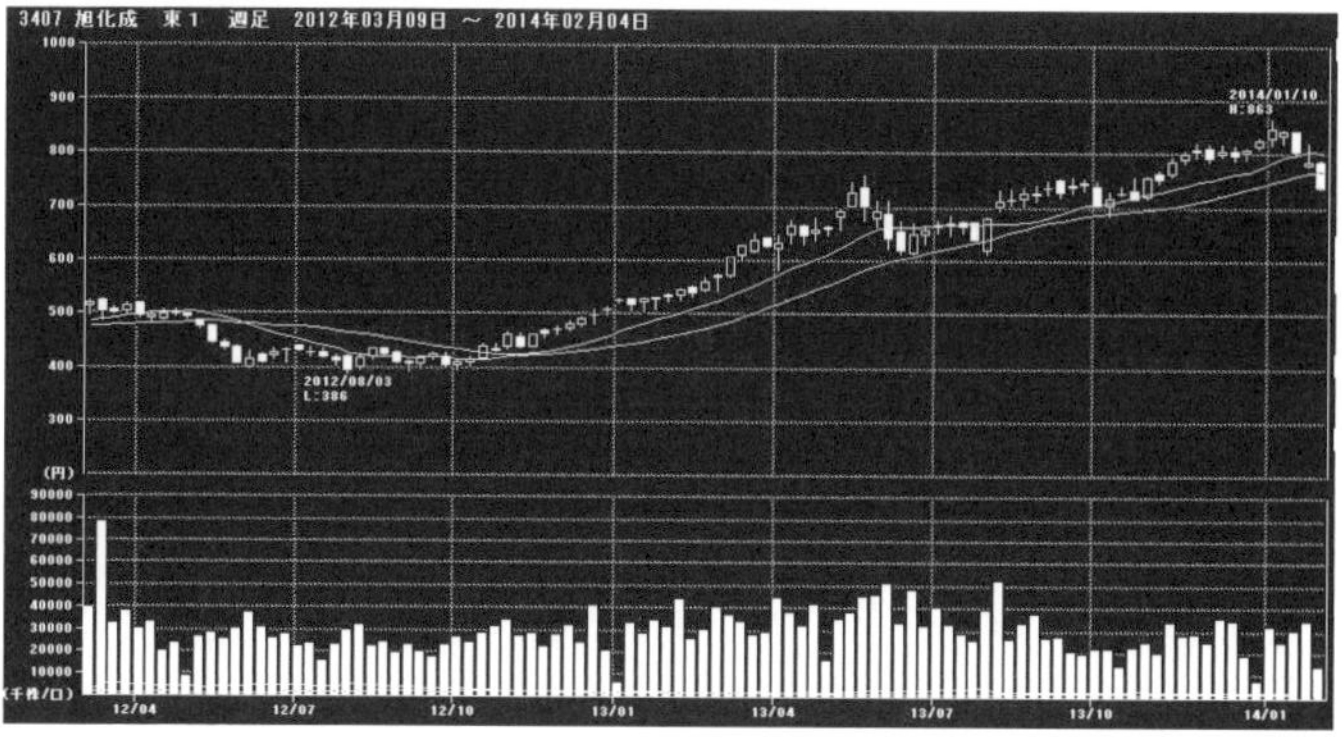
3407 旭化成　東1　週足　2012年03月09日 ～ 2014年02月04日
2014/01/10
H:863
2012/08/03
L:386
(円)
千株/口
12/04
12/07
12/10
13/01
13/04
13/07
13/10
14/01

いかがだろうか。リーマン・ショック直後の2009年1月頃、そして2012年の後半あたりが「買い場」だったことが分かる。事実私はこの「旭化成」でも100万円近い利益を上げた。**本書の推奨銘柄は、どのような不況に遭遇しても、後で何らかの好材料を基に必ず反発してくる**（恐らくは高度な技術を持ったメーカーであるからである）。

もう一つ、やや難易度の高い銘柄であるが「ツガミ（6101）」を見てみよう。これも同じく、日足で見ても買いのタイミングは分からない。

次に週足で見てみる。

月足で見た旭化成の買い時

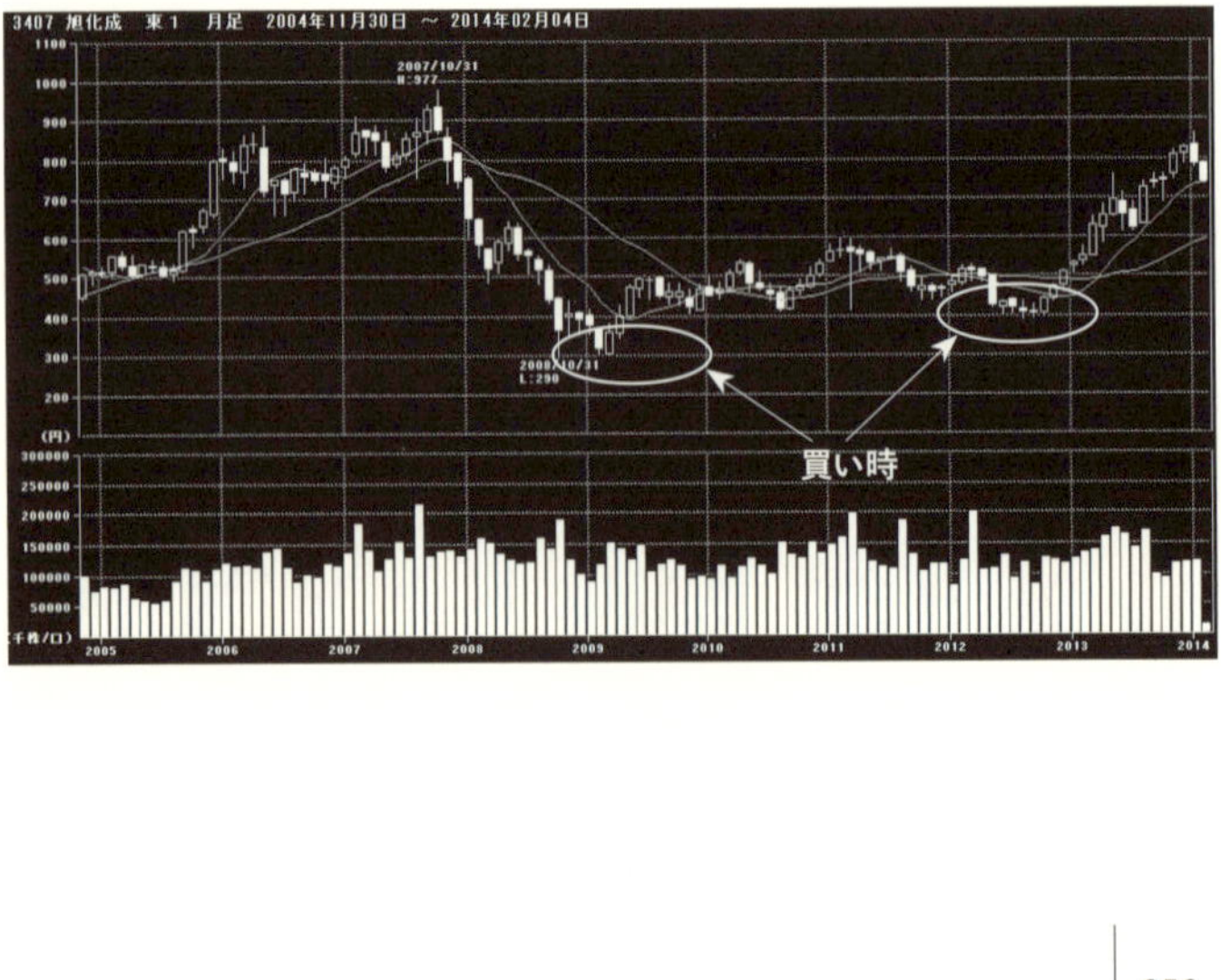

ツガミ　日足

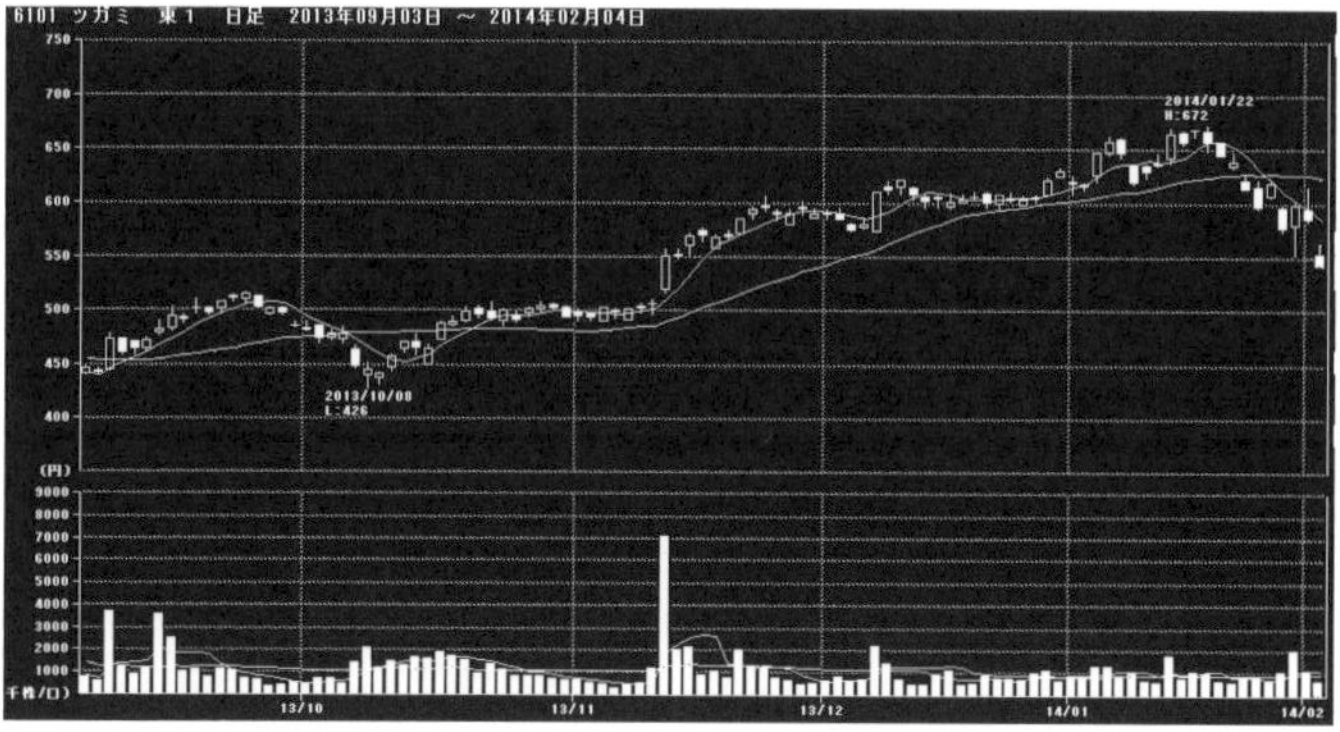

週足で見たツガミの買い時

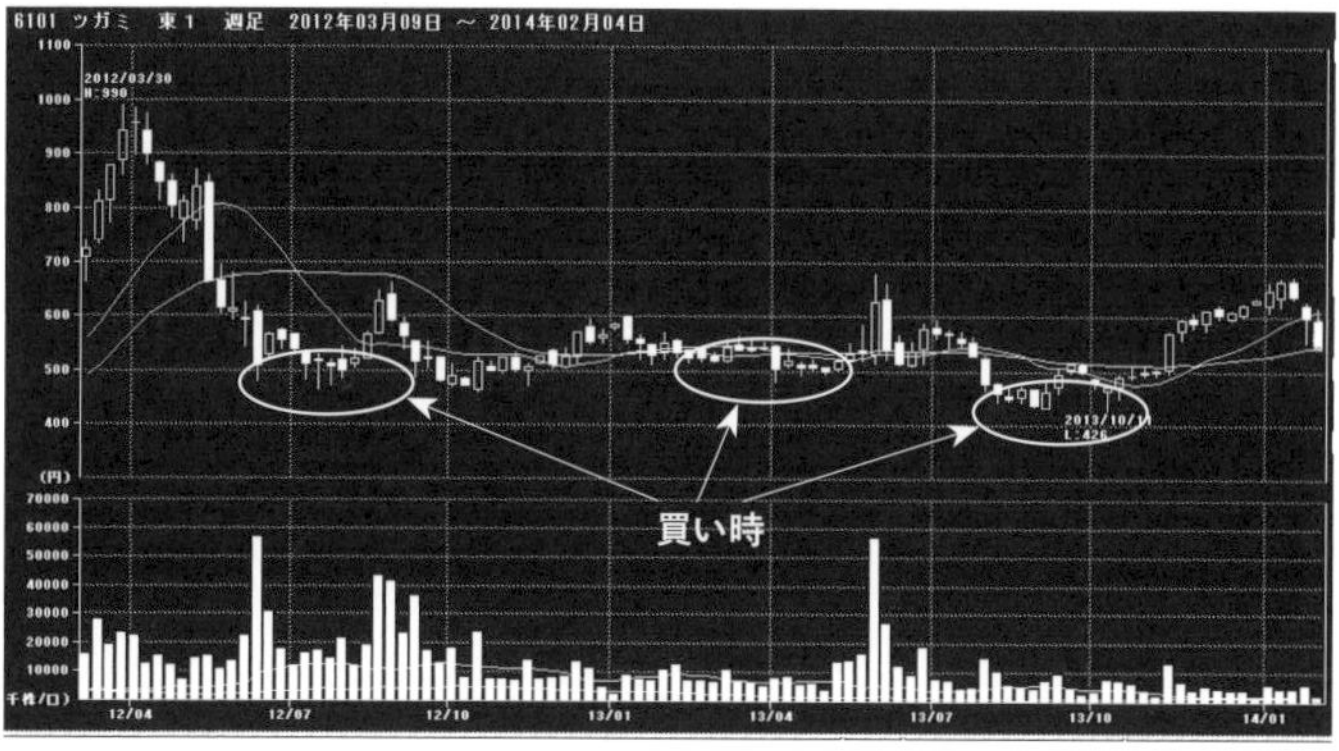

やや分かりにくいかもしれないが、週足で見ることで500円～600円程の間で振動が確認できる。この、白く囲んだところが買い時である。この「ツガミ」も、私が数十万円単位で何度も利食いしている得意銘柄である。

このように、週足または月足でチャートを見て、振動を確認できたら、その振幅の底あたりで買うのである。テクニカル指標等は一切参考にしていない。その「買い」のタイミング（値段）であるが、正直なところ「勘」、「センス」である（「山勘」ではない）。

この「センス」は、チャートをじっくりと毎日見ることによって徐々に養われていくものである。そのためには毎日の株価・チャートのチェックは欠かせない。「もうこのあたりが底だろう」と思えばまだまだ下がることもあるし、逆に「まだ下がるのではないか」と思っていると逆に上げに転じることもある。ぜひ毎日チャートを見て、まずは自分なりの翌日の予測を立てておいて、実際の値動きが自分の予想といかに違うかを確認して経験を積んでほしい。こうしたことを繰り返すことで株は「上達」するものである。

この「振動」であるが、株の値動きは決して自然科学で説明できるものではないのだから、学校で学んだ「単振動」のようなきれいな振幅を持つものでは全くない。むしろもっとギザギザしていて、判断するのが困難なこともあるが、この「振動」を見極める力も、経験によって養われていく。
逆に、週足や月足で見て、この「振動」が確認できない銘柄は基本的に手を出してはならない銘柄である(ただし本書「必勝銘柄」でいくつかの例外はある)。

ところで実際に買うときであるが、私とて、「この値段で買い注文を出してあるが、もっと安く買えるのではないか。もっと下がるのではないか」と思うことはある。しかし、これればかりは株価の値動きが予測できないことに鑑みても、どうしようもないことである。チャートをよく見て、自分が判断した安値圏で買えれば、それでよしとするのである。買えればよし、買えなくてもよし、くらいの気楽さでいることが重要だ。参考までに書いておくと、定年退職後の父を見ていると、買い注文だけ出して、あとは昼寝していた。買えようが買えまいが、まるで他人事のようだった。私もそこまで気楽になれればよいのだが。

●「買い」は最小単位株数では少ない

「買い」の株式数であるが、最小単位株数(100株、1000株など)では少ない。単価が500円~1000円の株なら2000株、1000円~2000円の株なら100

0株、それ以上の株なら500株など、**だいたい買付金額が100万円程度になる単位で買ってほしい。**それだけ買えば利益も大きく返って来る。

逆に、それ以上の買付は明らかに「買いすぎ」である。分散投資の基本精神に反するし、ナンピン買い（すでに買ってある銘柄が大きく下がったとき、下がった値段で買い増して平均取得単価を下げること）も資金不足に陥ったりしてやりづらくなる。くれぐれも、一銘柄に資金を集中させすぎないように注意しよう。

2 決算発表や経済指標の発表を待ってから売買していては遅い

●超高速取引を逆手に取る

企業は四半期ごとに決算発表を行っている。それを見てから売買をしようとする人は非常に多いようだ。「上方修正の結果が出たら買おう。株価が上がるだろうからな」とか、「今買って悪い決算が出たらどうしよう。決算を見てから買おうか」とか。

しかしここではっきりと言っておこう、決算発表を見てからでは遅い、と。

理由は簡単で、上方修正であろうと下方修正であろうと、それを市場がどう評価するかは全く分からないからである。これは株価の動きが予測できないのと似ている。1年も株の取引経験がある人なら知っていると思うが、上方修正すれば株価は上昇し、下方修正すれば株価は下がると思ったら大間違いなのである。

例えば、上方修正の発表があったのに株価が下がるときは以下のような場合だ。

- **上方修正内容がすでに株価に織り込み済みだった**
- **これ以上良い材料が出ないと思われた（好材料出尽くし）**
- **上方修正したが市場予想に届かなかった**

逆に、下方修正の発表があったのに株価が上がるときも多々ある。右の真逆ではあるが、

- **下方修正したが市場予想ほど悪くなかった**
- **これ以上悪い材料が出ないと思われた（悪材料出尽くし）**

これらは蓋を開けてみないと、どちらに転ぶか全く分からないのである。であるから、私の場合は、それこそ運を天に任せて、決算発表とは全く無関係に、前節で述べたような買いタイミングで買いを入れている。これが多少バクチ性を伴うのはやむを得ない。

さらに、**絶対にやってはいけないことは、決算発表が好感されて株価が急上昇したときにその上値を追いかけることである。**これは全く「逆張り」の精神に反する。高値を追いかけたところで結局高値摑みに終わり、利益を出すことはできないだろう。繰り返すが、急騰している株は絶対に買ってはならない。

それから、大手の証券会社やヘッジファンド等ではコンピュータを使って自動的に超高速取引を行っている。好決算等の好材料が出たら一瞬で大量の買いを入れ、逆に悪材料が出れば一瞬で大量の売りを出す。ネットニュース等で、ニュースが発表になったほんの数秒後に株価が急落したり急騰したりするのもそのためだが、それにも決して勝つことはできない。いやむしろ、それを逆手に取ることを考えるのだ。つまり、ヘッジファンド等の機関投資家が大量の売りを出し、それにつられて個人投資家が投げ売り、株価が下がったところで買い場が訪れる。売り場を作ってくれるのも同じ理屈だ。「コンピュータの自動取引には到底かなわない」などと思う必要は全くない(個人的には、悪材料が出たからといって売っている投資家が儲かっているとは思えないのだが)。

それはさておき、先ほど「バクチ」と書いたが、「そんな乱暴な」と思われる方がおられるかもしれない。もちろん、間違ってもギャンブルをやっているわけではない。ではなぜ、決算発表を待たずに買うことができるかというと、本書の「必勝銘柄」は、決算発表が嫌気されて一時的に下がったとしても、いずれ必ず大幅に反発してくるからである。繰り返すが、半世紀以上の実績のある株である。私は安心して取引している。

●「経済指標を見極めてから取引」など、愚の骨頂

そうはいっても、私が全く決算発表を見ていないかといえばそんなことは全然なく、非常に注目している。決算発表時期になるとそれが楽しみで、どの企業が何日に発表になるということを、各社のホームページのIRカレンダーを見て手帳に書き込んでいるくらいだ。ただ、それを基に売買しているというわけではなく、「持ち株の決算が好感されて上がっているな。よかったな」とか、「持っていない株の決算が嫌気されて下がってくれれば買うのにな」とか、「持ち株の決算が嫌気されて株価が下がった。残念だけどまたそのうち上がるだろう。今は休憩時だな」とか、その程度のことをボーっと考えている程度である。

このような距離感もとても大切であると思っている。ここでも繰り返すが、のめり込みは決してよくない。**あくまでニュートラルな姿勢が大切だ。**

経済指標に関してもおおかた同じことが言える。年中経済指標の発表だらけだ。国内だけでも、GDP速報、その改定値、機械受注、雇用統計、失業率、日銀短観、消費者物価

指数、米国ではよくあるのが住宅着工件数、中古住宅販売件数、こちらも雇用統計、そしてFOMC声明（これは「指標」ではないが）、等々。

これらを待って、「市場では経済指標を見極めてから取引しようと様子見気分が広がっている」などとニュースでよく伝えられているが、私に言わせれば正直愚の骨頂である。これらの指標、織り込み済みということはあまりなく、確かに良い数値が出れば一時的にでも株価は上がるし、悪い数値が出れば下がることが多いのだが、良い数値に反応して上がったからといって買っていては高値掴みになるし、悪い数値が出たからといって売っていてはいつまでも利益は出ない。あくまで事前に計画しておいた値段で売買すべきだ。

結論として、企業の決算発表も、経済指標も、発表を待つ必要は全くない。

第4章

買ってから売るまでの心の在り方

~一時的な値動きに感情を流されてはいけない~

1 損切りはするな

●ロスカットが不要な理由

損切りはするな――こう書くと、ほとんどの人が意外に思われるかもしれない。「損切り（ロスカット）は株式投資の基本ではないのか？　ほとんどの本にそう書いてあるじゃないか」と。

私は、なぜ損切りをしてはならないのか説明するのが本書の大きな仕事であると思っている。何しろ、私が読んできた本にも、損切りの必要性を数ページに渡って延々と説き、「株で勝つ人は間違いなく損切りが上手い」だとか、「損切りこそが勝利への最短距離」、あるいは「損切りできない人は間違いなく株式市場から撤退を余儀なくされる」といった文章が書かれていたのだから。とある有名アナリストの本によれば、「買値を10％下回ればすぐに売れ」ということが書いてあった。

しかし今の私から見れば全く愚かしい行為である。

なぜなら私は、父の投資スタイルに変更してから一度も損切りをせず、確実に利益を上げてきたからである。当然父も損切りなどしたことはなかった。

損切りをしなければならない理由は、銘柄選びに失敗しているからである。本書で提示する「必勝銘柄」なら、損切りをする必要はないどころか、決してしてはならない。

論より証拠、再びチャートを見てもらおう。

いずれも私の実体験からだが、まずは「旭化成」から。

図に示したように、私は２０１１年９月に旭化成を２０００株買った。チャートを見てお分かりのとおり、２０１２年８月には４００円を一時割り込んでいる。率にすれば20%だ。しかしその後、株価は上昇に転じ、２０１３年３月、６２０円で売った。

旭化成での実際の売買

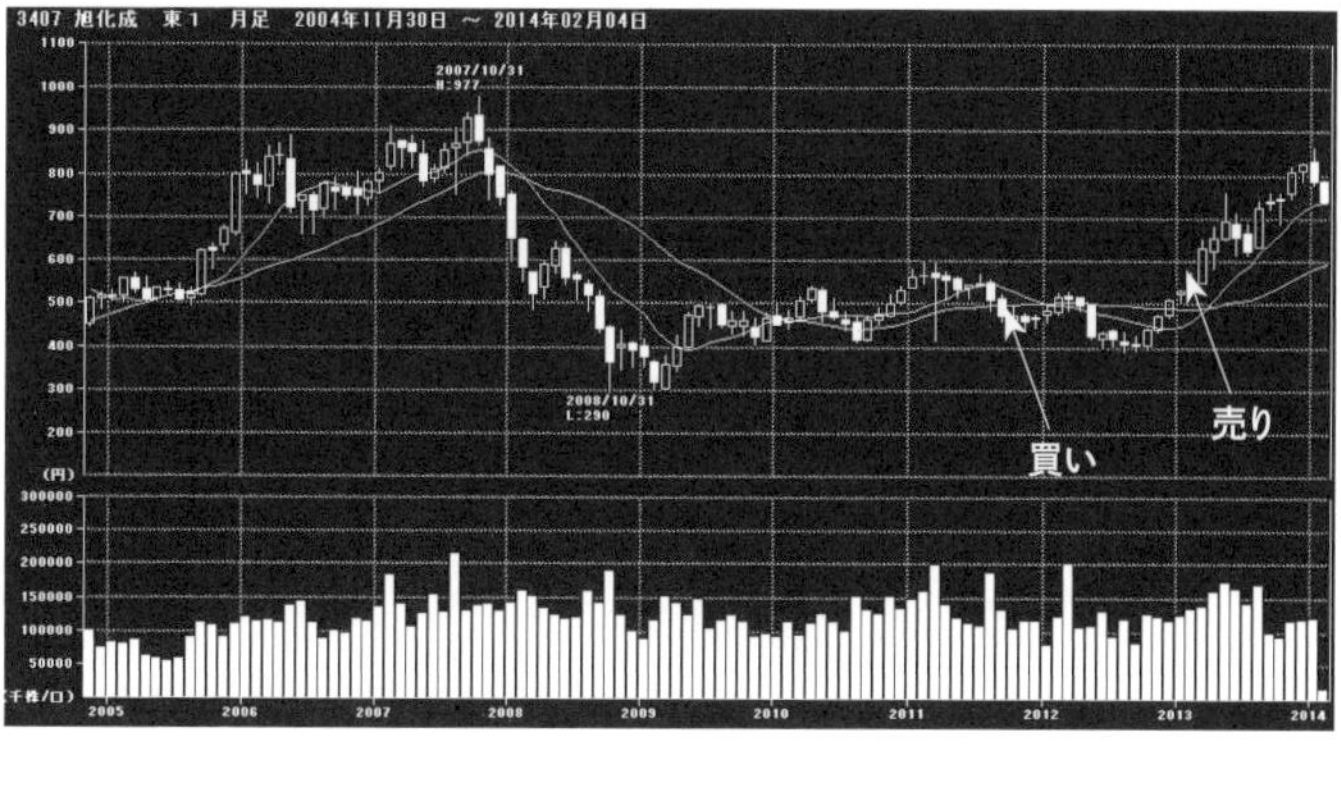

税金を差し引いても20万円以上の利益である。

次にもっと極端な、「大日本スクリーン」を見てみよう。

２００７年12月、６００円で３０００株購入。その後株価は下がり続け、２００９年３月の最安値では１０９円を付けている。実に約82％の下げだ。しかしその後株価は上昇に転じ、２０１１年1月、７２０円で売却した。ざっと32万円の利益だ。

さらにもう一つ示しておこう。「三井住友フィナンシャルグループ」である。父は、２００３年2月に３０００円で１０００株買った。その直後２００３年４月には１６２０円を付けている。これも約50％の価格下落だ。しかしその後も持ち続け、

大日本スクリーンでの実際の売買

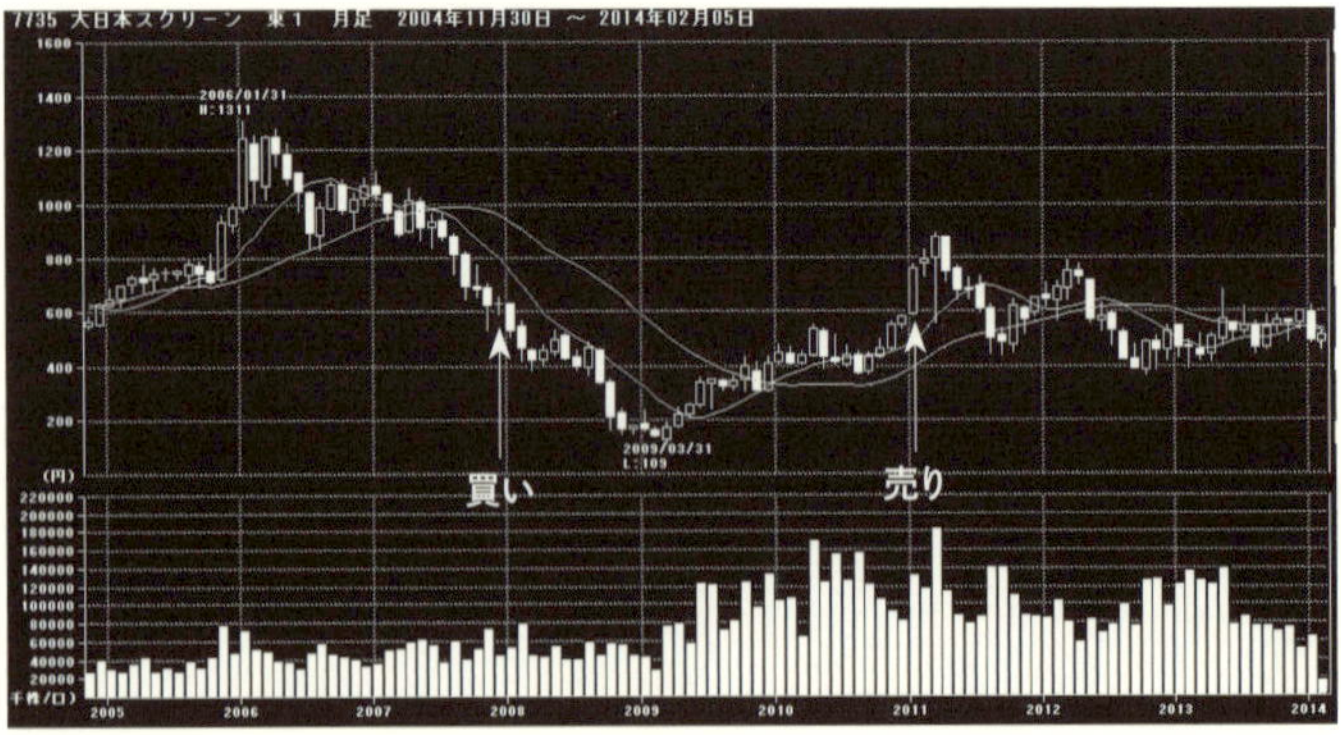

株価は急上昇、2005年12月に1万2000円で全株売却した。税引き後でも800万円以上の利益である。これは生来の株トレーダーであった父だからこそ成し得た業であって、皆さんにここまでのことをお勧めするつもりはないし、私もここまでやる勇気はないのだが、事実であることに違いはない。

　他の銘柄については第6章で示すが、いかに本書の「必勝銘柄」がいっとき下げても必ず反転してくるか、そして損切りの必要がないか、あるいはしてはならないかが多少はお分かりいただけただろうか。**繰り返すが、損切りしてはならないのは本書の「必勝銘柄」のみである。**

三井住友フィナンシャルグループでの実際の売買

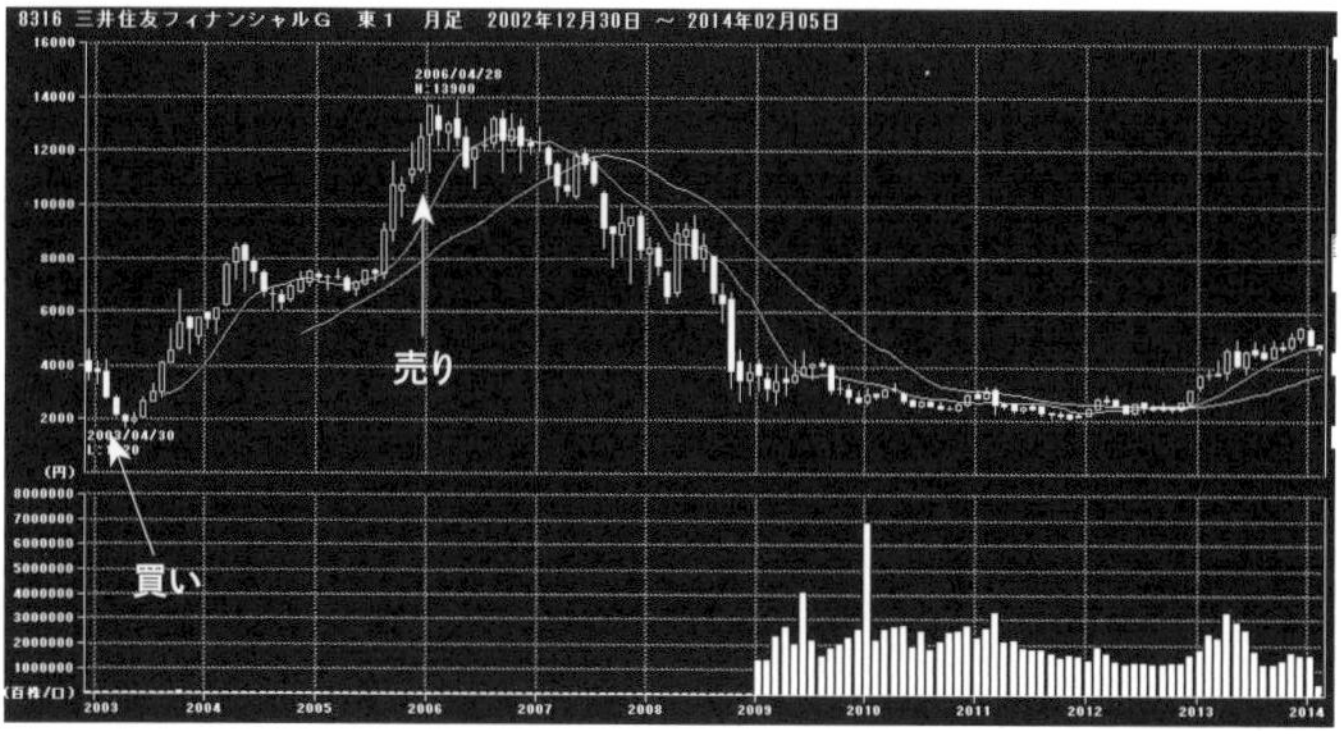

●あくまで売るのは「株価が高い時」

そうはいっても、にわかに信じ難い気持ちはよく分かる。私自身、父から株を教わる前は我流で本や雑誌で勉強し、「絶対に損切りはしなければならないのだ」と頭に叩き込もうとしていた。しかし、自分で銘柄を選び、買う銘柄買う銘柄すべて買値を下回り、その都度「損切りしなくては」と思い、損失ばかり出していた。

そんなとき、私が読んでいた本を父も読み、「さかんに『損切りしろ』と書いてあるが自分は賛同しかねる」と言っていた。

さらに別の日、私にこんなことを言った。「安くなったからといって売っていてはダメだ。安い時こそ買うべき時だ」、と。他でもない、損切りしていてはダメだということ、そして逆張りに徹せよということだ。

読者の皆さんにはぜひ、今までの「損切りしなければならない」という教えを忘れ、今書いたことに頭の中を書き換えてほしい。損切りにしろ、売り時にしろ、**安い時に売っていてはいつまでたっても利益は出ない**のだ。

株をド天井で売ることができないのと同様、最安値で買うことも絶対できない。買値を下回るのは当たり前と割り切るべきである。

株をやっていると全面安、大幅安という日は必ずある。そんなとき不安になり、「今のうち売っておいたほうがいいのではないか」という気になるだろう。そんなとき、決して売ってはならない。あくまで売るのは「株価が高い時」である。このことをどうか肝に銘じてほしい。

2 株価ボードは見すぎるな

●「途中での計画変更」はたいてい失敗する

誰しも、自分が買った株のその後の株価はとても気になるものだ。大半の人がネット証券に口座を持っていて、その証券会社の提供する専用ソフトをお使いのことだろう。1秒ごととか、リアルタイムに株価が更新される。それらを見ていると、株価のリアルタイムの変化や約定の様子はもちろん、いくらでどれだけの注文が出ているかという、いわゆる「板情報」も見ることができる。これらを「株価ボード」と呼ぶことにするが、この株価ボードを見すぎるのは全くよくない。

私自身、株を始めた頃は持ち株の値動きが気になって仕方なくなり、仕事中でも何度も何度もケータイでチェックしていた。ましてや平日で休みの日ともなるとほとんど一日中パソコンの前に座ってしまっていたこともある。それで、それこそ1円上がっては喜び、

1円下がると悲観し、まさに一喜一憂していた。

よくない理由はいくつかある。

まず言いたいのは、常に株価をチェックしていると、本来は気にすべきではない小さな値動きに一喜一憂し、情緒不安定になり、正確な判断力が低下することだ。少しでも下がろうものなら、絶対売ってはいけないのに、「もう1万円も損をした。早く売らなければどんどん損失が拡大してしまう。やはり損切りが必要なのではないか」とか、あるいは逆に上がってくると、「もしまた下がったらどうしよう。もう、数万円の儲けが出ているのだから今のうち手仕舞いしてしまったほうがいいのではないか」など、予定外の行動に出る可能性がある。他のことでもそうであるが、「途中での計画変更」というのはたいていロクなことがない。というのも、たいていそれは一時的な感情に流された結果であるからだ。

損切りをしてはならないのは前節で強く強調したとおりだ。本書「必勝銘柄」なら絶対に損切りはしてはならない。時間はかかろうとも、必ず反転・反発してくる。第6章で各銘柄のチャートを示すが、それを見ると納得していただけるはずである。また、株をやっている私の知人の中には、「自分は一回の飲み代を稼げればいいと思っている」と言っていて、わずかな利益で満足している人もいたが、本書の目標とするところはそんな小さなものではない。売り時は後で説明するが、最低でも一回の売買で10万円は儲けたい。その値段に到達するまで、絶対に売るべきではない。

株は上がったり下がったりしながら上昇していく。一時的な値動きに感情を流されてはいけない。

株価チェックの弊害として、本来の仕事への支障がある。定年退職した方を除いて、日中仕事をお持ちの方も多いだろう。その仕事に影響が出るようでは元も子もない。株価が気になって仕事に集中できなくなるようでは問題だ。以前週刊誌で、株価が気になってノイローゼになる会社員がいる、という記事を読んだこともあるが…。

解決策として、前日の夜のうちに買い注文なり、売り注文をあらかじめ出しておくことである。売り注文としてはストップ高まで、買い注文としてはストップ安まで注文を出せると思うが、自分が売買したいと思う値段がそのレンジに入ってきたら、前日の夜に注文を出しておくのである（尚、たいていの証券会社は日曜日からその週の注文を出すことができる）。そうすれば、「もう注文を出してあるから多少の値動きがあっても関係ない。約定されたかどうかは、昼休みや仕事が終わってからケータイなりパソコンで見ればいい」と気が楽になるはずだ。

尚、ザラ場中の株価チェックはする必要はないが、終値のチェックは家に帰ってからでも、毎日行ってほしい。株式市場は日々変動する。思わぬ銘柄が大きく下げていることもよくある。買い時・売り時を逃さないために、ぜひ毎日行ってほしい。

第5章

売り時はここだ！

～上げている時こそ手仕舞え～

1 世の中が沸いている時こそが「売り」

さて、他の投資家が投げ売っているときに勇気を出して買い、買った後多少下げても恐怖に打ち勝って持ち続け、いよいよ買値を上回って利益が出てくると気分の良いものである。しかし、ここからが本当の勝負だ。利益確定するまでは気を抜いてはいけない。買い時同様、売り時の判断も非常に難しく、判断に迷うものだからである。

●プロは常に高値で売り抜けるタイミングを見計らっている

まずは全体的な総論を述べておこう。

もちろん売り時も徹底した「逆張り」である。人と逆のことをやらなければならない。

つまり、上がっている時が「売り」なのだが、それはいったいどういう時か。

具体的には、テレビや新聞で「株価が大幅に上昇した」とニュースになっている時である。証券会社では「株式セミナー」が開催され、それまで株に興味のなかった人が大勢出席し、週刊誌も「ついに好景気がやってきた。これからもっと上がる」などと書き立てる。誰しもが「これは買い時だ。自分も株を始めよう」などと考え始めた時が「売り」なのである。

そういう時に売ることに抵抗を感じる気持ちは分かる。というのも、世間がそのように騒ぎ立てると、「今売るべきではないのではないか。持ち続けていればもっと儲かるのではないか」という気になるからである。

しかし、決して欲張ってはいけない。欲張りすぎると途端に失敗し、売り時を逃し、下げに転じるかもしれない。機関投資家やヘッジファンドは常に高値で売り抜けるタイミングを見計らっているのだ。それがいつ訪れるかは誰にも分からない。比較的最近の例で言えば、2013年5月、日経平均が1万6000円に迫った頃、FRBのバーナンキ議長が量的緩和策の縮小を発表すると、翌日日経平均は1000円以上下げた。

この頃日本株は明らかに過熱状態にあり、いつ急落してもおかしくない状況だった。その後日経平均は1万3000円を割り込み、今は再び持ち直しつつあるが（といっても本書が出版される頃はどうなっているかはこれまた分からない）、**上げている時は一気に売りを浴びせかけられる可能性がある**、ということは絶対に覚えておいてほしい。

●売り時も、週足、月足で判断する

以上は日経平均を基準にした話だが、次は個別銘柄について具体的にどの程度上がれば売るのかを示したい。

第3章「買い時はここだ」のちょうど逆になるが、まずは「大日本スクリーン」から見てみよう。

言うまでもないと思うが、振動の上限あたりが売り時となる。

第3章と同じ銘柄では面白くないので、次に「三菱電機」を見てみよう。月足で見てみると、おおよそではあるが600円から1000円程度で振動しているのが分かる。

さらに「富士通」も示しておく。おおよそ400円から600円の幅で振動しているのがお分かりいただけると思う。

図をご覧になって、「こんなにうまく売買できるのか」と思われるかもしれないが、

週足で見た大日本スクリーンの売り時

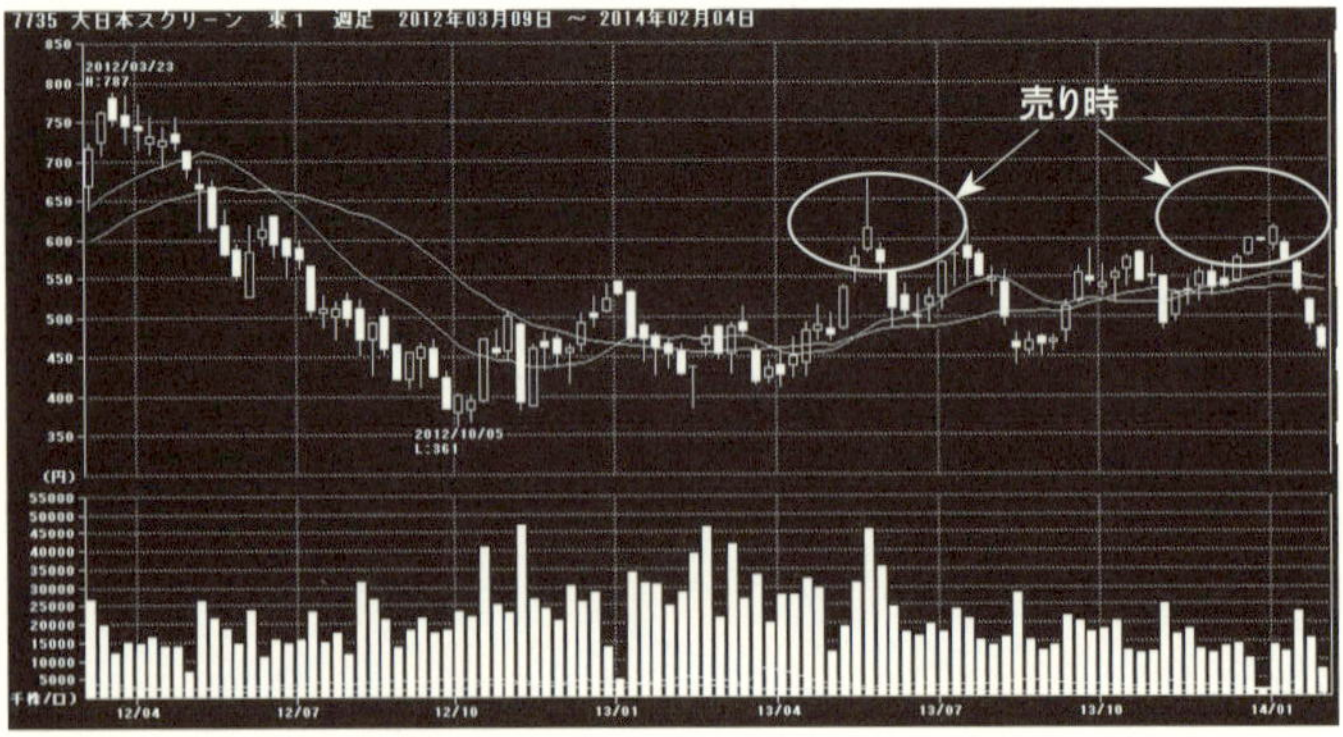

月足で見た三菱電機の買い時と売り時

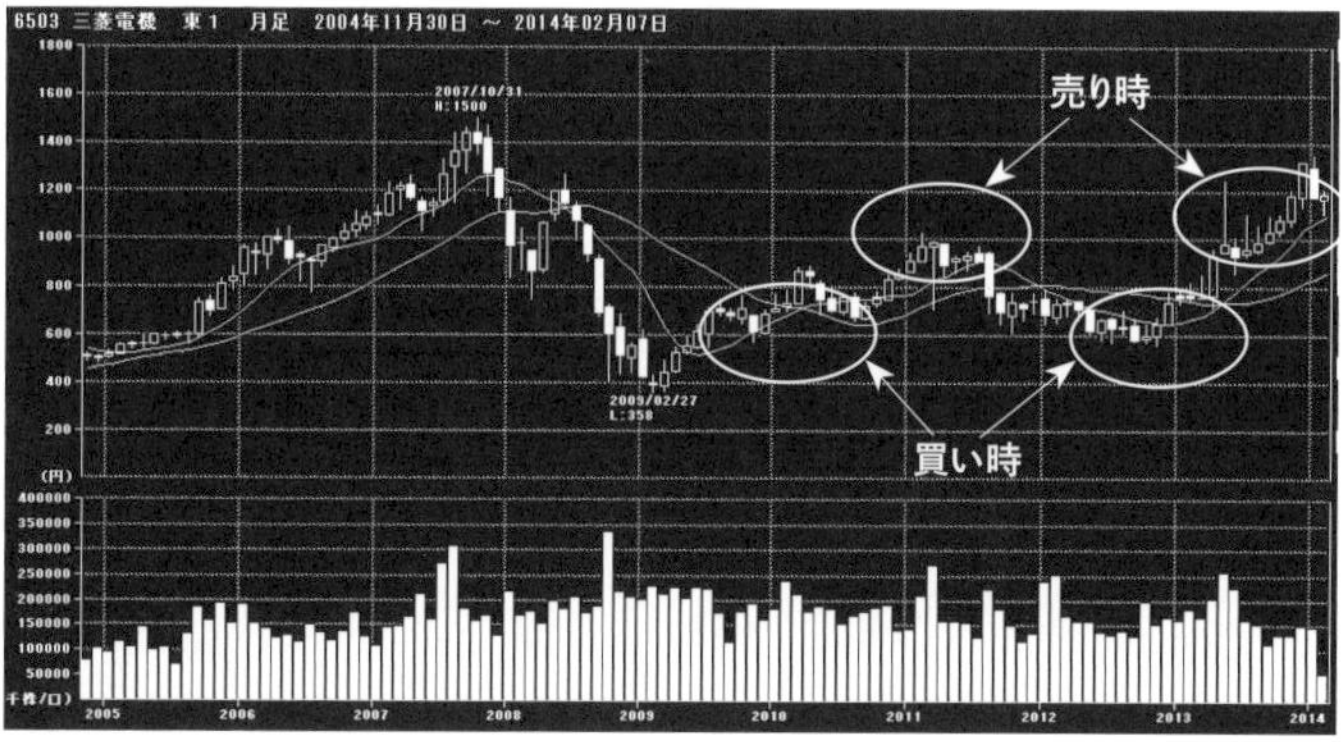

月足で見た富士通の買い時と売り時

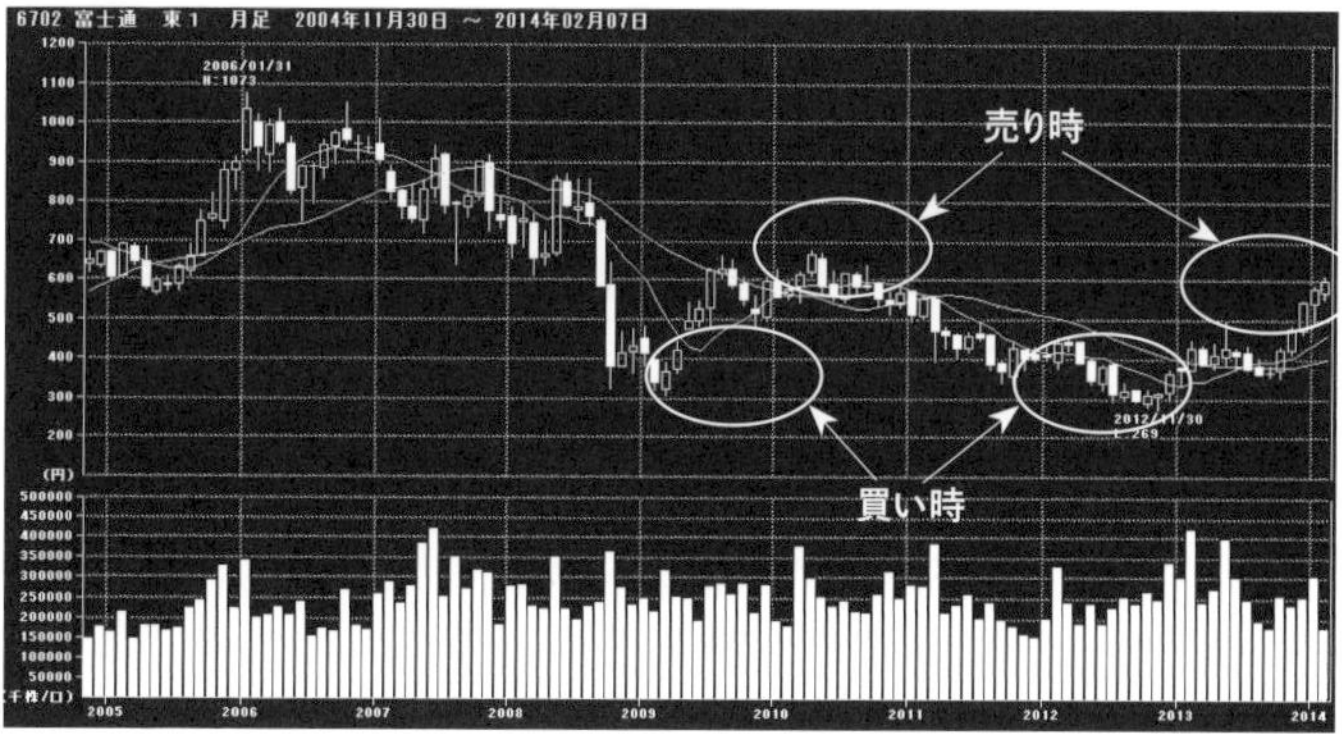

チャートを週足・月足でよく見て、過去のおおよその振動の幅をつかむこと、そしてメンタル面でのトレーニングを積むことで買い時、売り時をだんだんと判断できるようになってくるのである。これは練習と経験である。

●あくまで「腹八分目」を貫く

また、もう一つの私のおおまかな基準として、まずは買値を20％上回れば売ることを考えるようにしている。つまり、500円で買った株が600円になったときだ。税金と手数料を引かれるとはいえ、2000株持っていれば100万円が120万円になるのだから決して少ない利益ではないはずだ。それどころか上出来である、もしくはそう考えるべきである。

特に初心者の方や、本書を読んで今までの投資スタイルを変えてみようと思っていただいた方はそうすべきである。目指すはシングルヒットの量産であり、最初からホームランを狙っていては必ず失敗する。市場はそんなに甘いものではない。まずはシングルヒットを何度も重ねて練習し、経験を積むことだ。

「利食いは腹八分目」という言葉がある。食欲のおもむくまま食べてお腹いっぱいになるのではなく、「ちょっと食べ足りないかな」と感じるあの感覚を思い出してもらいたい。私が利食いしている時もまさにこの感覚だ。

株価が上がってくると、「ここまで上がればもっと上がるのではないか」と思うことはよくある。しかしそれには何の根拠もない。そういった**「自分勝手な推測」が売り時を逃してしまう**のだ。あくまで、「腹八分目」を貫いてほしい。一気に大ホームランを狙うと途端に失敗する。「〇年で億万長者になってやる」と意気込むのではなく、長い年月をかけて財産を築くつもりでいてほしい。

経験を積んで、資金的にも精神的にも余裕が出てきたら、ときに「長打」を狙うのもいい。といってもあくまで「二塁打」くらいにとどめておくべきだ。大ホームランは絶対に狙うべきではない。それこそ大振りの空振りに終わるだろう。

少し話はそれるが、私は高校野球を好んで見ている。プロ野球とは違って、大ホームランを放つような強打者が大勢いるわけではない。しかし強いチーム、勝つチームというのは送りバントを着実に決め、シングルヒットを放って一点ずつ確実に得点を重ねてくる。そしていつも感心するのは三塁のランナーコーチだ。打球をよく見て、本塁を目指すことができないと判断すれば確実にランナーを三塁で踏みとどまらせる。「外野からの返球がそれれば」などと勝手な推測による欲を出さない。

私は株を売る時、よくこのことを思い出す。20％の利益というのはまさにシングルヒットだと思うが、それ以上になってくると、「これは三塁打くらいを狙ってるな。二塁打くらいのほうが無難だな」とか、「どう考えてもこれは大ホームラン狙いだ。やはり三塁打にとどめておくべきだ」とか。私は野球が好きなのでそれに例えたが、皆さんも自分の好きなスポーツに例えてみて考えてみれば感覚がつかめるのではないだろうか。どんなスポーツであれ、地道に着実に点数を積み重ねていっているはずである。

2 儲かっても決して人に話すな

●自慢話は「気の緩み」を生む

恐怖に勝って買い、誘惑に勝って持ち続け、ついに利益が出ると誰しも嬉しいものだ。私など、それまで損ばかりしていて苦しんでいたところ、投資スタイルを本書のように変更して、初めて利益を出した時はなんだか信じられない気分で、舞い上がってしまった。「働いていないのにお金が入ってくる」ということに妙な快感を感じてしまったのである。

誰しも、儲かると人に話したくなる。とりわけ「自慢話」というつもりではなかったとしても、嬉しいことがあるとつい人に話したくなるものだ。

しかし、ここで皆さんにぜひ忠告しておきたいことがある。絶対に他人に儲かったことを話してはならない。理由はいくつかある。

まず第一に、最初は謙虚なつもりで話していたとしても、どうしても気づかぬうちにだんだんと自慢話になってくる。そうすると自尊心が生まれてくる。「自分はけっこうなトレーダーなのではないか」などという気分になってくる。そうすると何が起こるか。次に投資するにあたって「気の緩み」が出てきて、正確・冷静な判断ができなくなってくるのである。心の中で思っているのと、実際に人に話すのとでは大違いだ。相手方から「すごいね」などと言われるとますます舞い上がってしまう。

たまたま数回勝っただけなのに、自尊心から、「私の判断は正しい」と根拠のない自信を持ってしまい、「さあ、もっと儲けよう」などと気がはやり、本来買うべきでない時、充分安くはなっていない時に買ってしまったりする。

人間関係にも支障をきたす。誰しも、「株で大儲けした」などと聞かされると、どれだけの親友であっても見る目が変わってくる。結果、友人をなくすことにもなりかねない。そういう意味でも、人に話すのは厳に慎まなければならず、自分の胸の内にだけしまっておかなければならない。

企業とて、同じである。上場している大企業などは、決算発表しなければならないから利益は公表せざるを得ないが、非上場会社は非公開のところも多い。数年前、為替レートは1ドル80円前後だった。当時輸入業者は円高の恩恵を受け、相当に儲けたに違いない。しかし、世間には決してそのことは話さない。妬みを受けるだけだからだ。「円高還元しろ」だの、「値下げしろ」だの言われる。

人にせよ、企業にせよ、「儲かっている人は常に黙っている」のである。

そうはいっても、配偶者がおられる方は家計の都合上、話さなければならない状況にもなるだろう。そういう場合は仕方がない。しかし、妻、または夫に対しても、「決して他人には話さない」旨、しっかりと伝えておくことだ。会社や友人同士はもちろん、くれぐれも、近所で「○○さんは株で儲けている」などとうわさ話になるようなことがあってはならない。

3 次なる投資に備えて

●慌てて買ってはならない

ある銘柄で利益が出せたら、当然その資金を使って次なる投資を行うことになる（間違っても使い込んではならない！　いつまでたっても資産は増えない）。つい調子に乗ってしまい、早く次の利益を出したくなる。そこにまた、落とし穴がある。

一度や二度、いや、何回勝っていようとも、決して自分の腕を過信してはならない。**「たまたま運が良かったな」と、謙虚な気持ちでいることがたいへん重要だ。**さもなくば、前節でも書いたが、充分安くなっていないときに手を出してしまう。焦る気持ち・はやる気持ちは分かるが、株式市場は半永久的に開いているということをもう一度思い出してほしい。1カ月でも2カ月でもあるいは半年・1年でも待つつもりでいてほしい。このような「心の余裕のある人」「せっかちでない人」「株と距離感を保てる人」が、安定して相場で勝ち続けられる人なのである。

もちろん、次章の「必勝銘柄」のうち、利確した時点で他の銘柄が安くなっていることもあることだろう。本当に安いのならもちろん買ってよい。

●アベノミクス相場が終わった時こそが「買い」

次にもっと大きな視点から株式市場を見てみたい。

今、世の中は「アベノミクス相場」で概ね高値を付けており、本稿執筆時点で日経平均は約1万5000円となっている。この後さらに上値を目指すのか、下げに転じるのかは誰にも分からないが、株とは常に上下するものである。過去20年間の日経平均のチャートを見ていただくとお分かりいただけるだろう。

リーマン・ショックで暴落したことはもちろん私は知っているが、2003年頃に何故暴落したのかは知らない。しかしどのような理由であれ、株というのは暴落・急騰を繰り返すものだ。決して同じ株価を保っているものではない。

アベノミクス相場もいずれは終わる、ということは充分覚悟しておかなければならない。そういったときには、個人投資家や機関投資家は投げ売りし、外国人も一斉に資金を引き上げることだろう。そうなった時こそが「次なる大きな買い時」である。

日経平均20年月足チャート

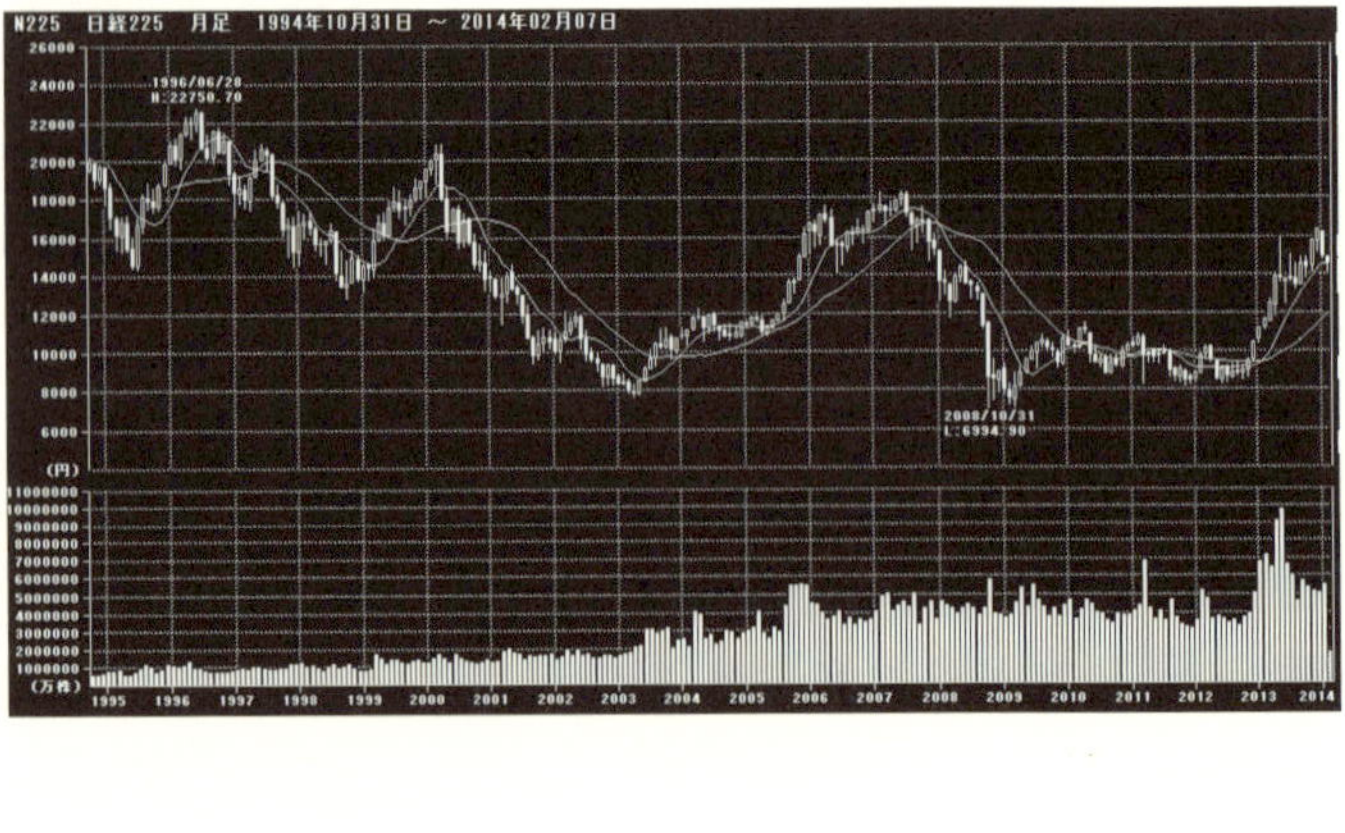

ここでも基本姿勢はあくまで同じ、「誰しもが株から手を引いた時こそが買い」なのである。現に私はリーマン・ショック後、日経平均が1万円を割り続けていた時、株を大量に買い、昨年大きな利益を出すことができた。皆さんにもそういう時に買えるよう、**現金は常に残しておいてほしい**のである。先ほど私は「資産の7割を株に費やしている」と書いたが、それは現金も含めての話。下がった時に「買う資金がない」では何とも残念なことだ。そういう意味でも、売り時は欲張らず、常にある程度を現金化しておいてほしい。私も常にそのことを心がけ、急落・暴落に備えて現金を用意するようにしている。そのためにも欲張らずに腹八分目で利確しておくことは必要だ。

もし、の話であるが、アベノミクス相場が終わり、株が暴落し、その時点で株を買う資金が尽きていた場合には、焦らずそのまま持ち続けてほしい。反発してくるときは必ず、やってくる。実は私も、いわゆる「塩漬け株」は保有している。2007年頃に父がけっこうな高値で買ってしまった株だ。といって、特段気にしているわけでもない。配当は入ってくるし、いずれ上がるだろう、くらいに気楽に考えている。

これは私のやや勝手な予測だが、2020年の東京オリンピックのときに、日経平均が1万円を割っているとは、とても思えない。あるジャーナリストによると、バブルは30年周期で訪れるという。前回のバブルのことを知らない世代に取って代わる、というのがその理由らしいが、前回のいわゆるバブル崩壊が1989年であるから、2020年はちょうど30年頃にあたるわけだ。バブルを誘発しないよう、政府が政策を調整するだろうが、その頃再び株価は上昇しているのではないかと予測している。

第6章

超厳選！ 必勝17銘柄

～私はこの銘柄で勝ち続けている～

●父から受け継いだ25銘柄から17銘柄を厳選

本章ではいよいよ私が利益を出し続けている推奨銘柄を紹介する。

父から教えてもらった銘柄は実は全部で25あるのだが、その中には今の時代にはそぐわなくなったものもあったので(とりわけ電力株)、本書を書くにあたって精査して17銘柄に絞った。

17銘柄の中には、比較的短期間で利益を上げることのできる推奨度の高い銘柄から、利益が出るのに数年単位かかる銘柄までいろいろとあるので、「オススメ度」として★印5つでそれを示した。

銘柄ごと、20年の月足チャートと最近約2年間の週足チャートを示した。20年のチャートを見ていただくと、いかに「必勝銘柄」が上がっては下げ、下がっては上げを繰り返していることが確認していただけることだろう。このような銘柄でこそ、利益が出せるのだ。また、「損切りしてはいけない」ということもお分かりいただけると思う。

おおよそ月足で見ていただいたほうが振動は確認しやすいのだが、銘柄によっては週足のほうが振動を確認しやすいものもある。銘柄ごとにどちらかのみ、というのもかえって分かりにくいと思われたので、全銘柄両方のチャートを示しておいた。週足では最近の値動きを確認してほしい。

また、銘柄ごとに【売買の目安】を示した。私が売買している買い時と売り時を示したもので、ぜひ参考にしていただきたい。視覚的にも分かりやすいよう、チャートの上に太い線を引き、レンジとして示した。

ただ、株価は時間が経つにつれてだんだんとトレンドも変わってくる（そうはいっても5年、10年という単位だが）。本書で示した売買の目安は、２０１４年での判断であるということをご承知おき願いたい。

もちろん無責任なものではなく、これまで述べた「心の在り方」を理解することで、今後どのような相場になったとしても、そのときのチャート見て、適切な買い時、売り時をご自身で判断できるようになるはずである。

1 大日本スクリーン（7735）

【オススメ度】★★★★★

前章までですでに何度も登場しているが、現在最も私が得意としている銘柄である。これまで通算で70万円ほど儲けた。95ページのチャートを見ていただければ分かるとおり、この20年間、大きく上下振動を繰り返している。こういう銘柄は非常に利益を出しやすい。

大きな特徴としては、**日経平均と連動していないこと**である。このため、株全体が下げているときでも逆行高となることが往々にしてある。私はこの「大日本スクリーン」で何度も何度も利食いしている。皆さんにもぜひお勧めしたい銘柄である。

【売買の目安】

週足チャートをご覧いただくと分かるとおり、ここ2年ほど500円から600円付近で振動が見られる。

私は最近、480円~500円で買い、620円程度で売ることを繰り返している。以前は600円で買って720円で売るということもした。いくら過去に800円、1200円を超えたことがあるからといって、欲張りすぎは禁物、腹八分目に徹するのがコツである。

尚、あまりに値動きが大きいので、大きく下げたときはナンピン買いを検討するとよいと思う。

大日本スクリーン　月足

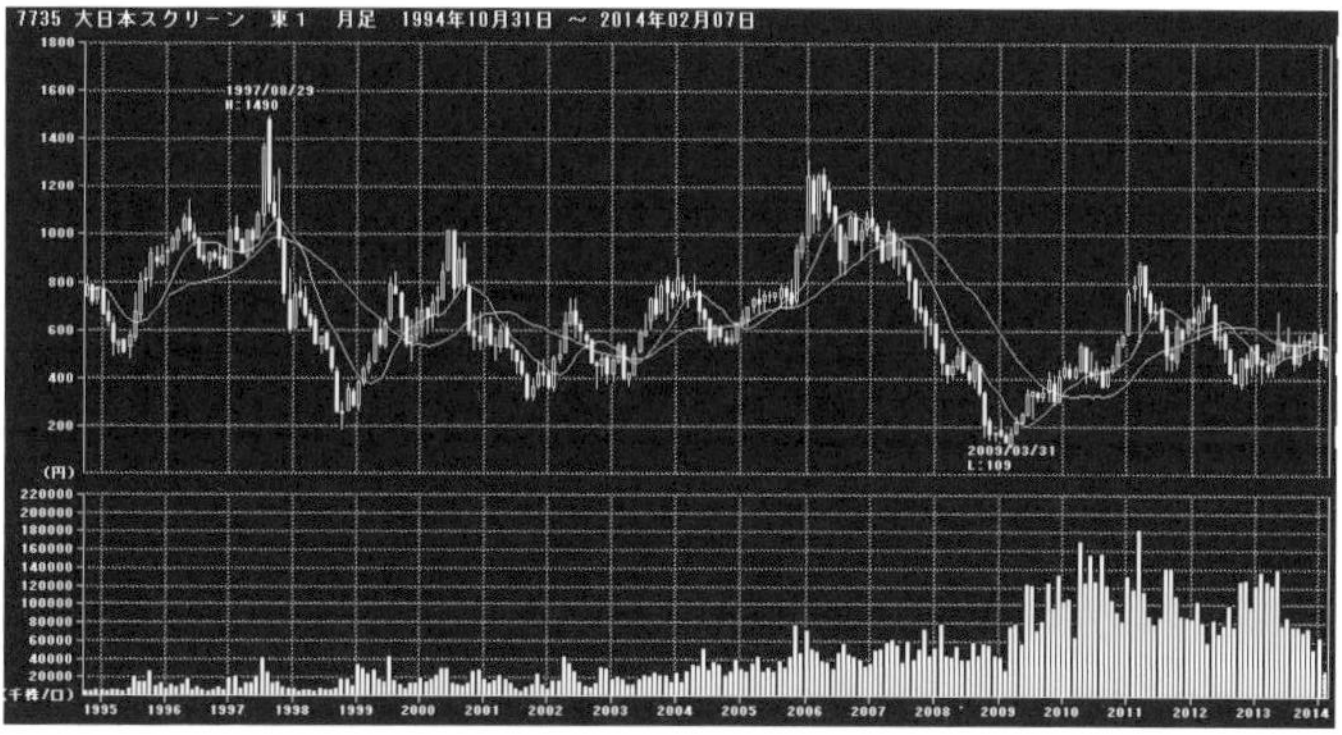

週足で見た大日本スクリーンの売買レンジ

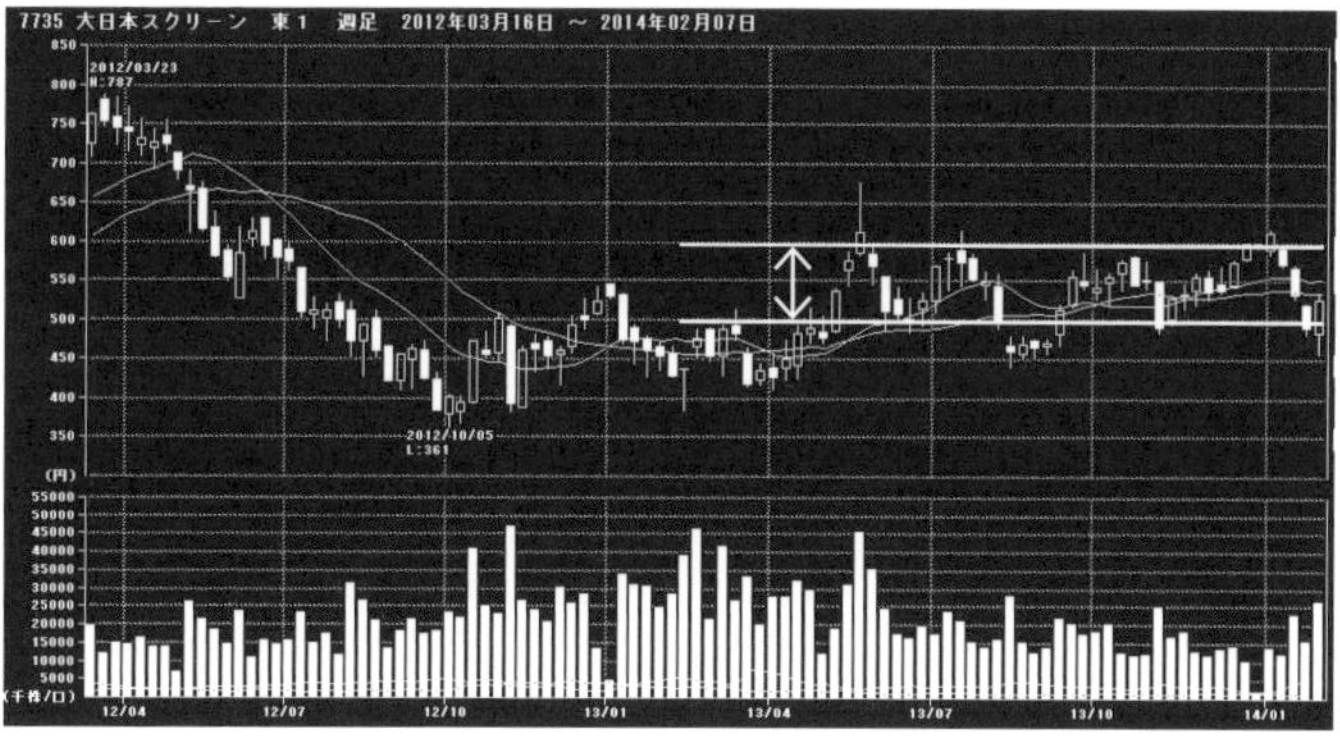

2 住友電気工業（5802）

【オススメ度】★★★★★

昔から着実に利益を出している企業だが、この20年大きく変動を繰り返している銘柄である。父は1400円で1000株買って1900円で売り抜け、約50万円の利益を得たことがある。私は、リーマン・ショック後しばらく低迷したが、この1年で再び大きく上昇している。私は、2010年から2012年にかけ、1000円を割り、800円すら割った時には「もうこの株はダメなのではないか」と思っていた。それがこの盛り返しようである。今から思えばあの時がまさに買い時、自分でも書いたが**「誰もが見放した時が買い」、とはまさにこのこと。**買っておけばよかったと今更ながら後悔している。

【売買の目安】

1200円を割ったら確実に「買い」だと思う。1300円でもよいかもしれない。底力のある銘柄なので、1000株買って1600円〜1700円程度まで持っていたらどうか。大きな利益が期待できる。

月足で見た住友電工の売買レンジ

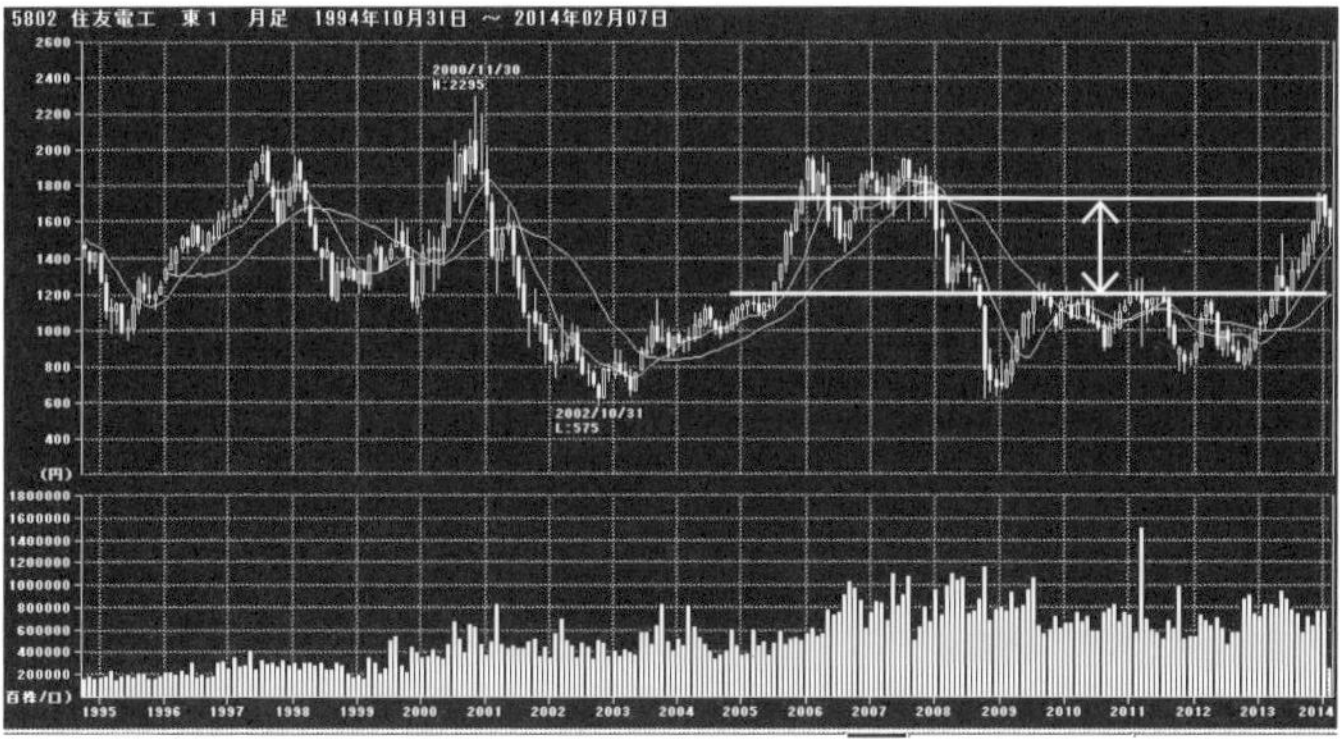

住友電工 週足

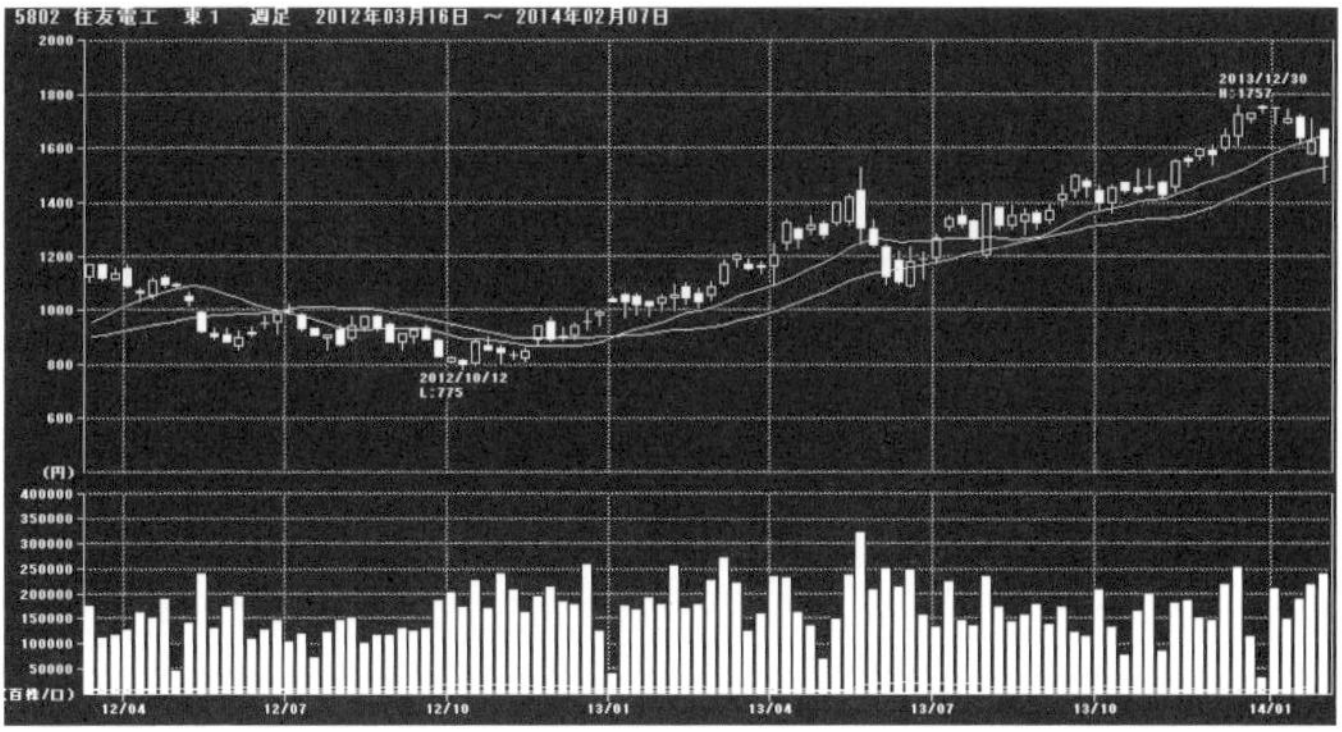

3 ツガミ（6101）

【オススメ度】★★★★★

知る人ぞ知る、玄人好みの銘柄（らしい）。父曰く、高度な技術を持った会社とのこと。私はこの株でも何度も利食いしており、得意銘柄としている。これも、必ずしも日経平均と連動していないのが特徴。日経平均に反して逆行高になることもよくあるし、中国での増産が伝わって急騰したりと、とにかく値動きが荒い。父も何度も利食いしていたそうで、私も60万円は儲けた。コツは、ここでも欲張らないこと。私自身、過去に900円を超えたことが二度あるので「一度大儲けしようか」と誘惑に駆られたこともあったが、あくまで腹八分目を貫いた。今から思えば本当によかったと思う。

【売買の目安】

月足で見ていただくと値動きが荒いのがお分かりと思うが、逆に激しすぎて分かりにくいので週足で見てもらったほうがよいと思う。ここのところ500円から600円近辺を行き来している。私も500円程度で買い、620円ほどで売ることを繰り返している。

ツガミ　月足

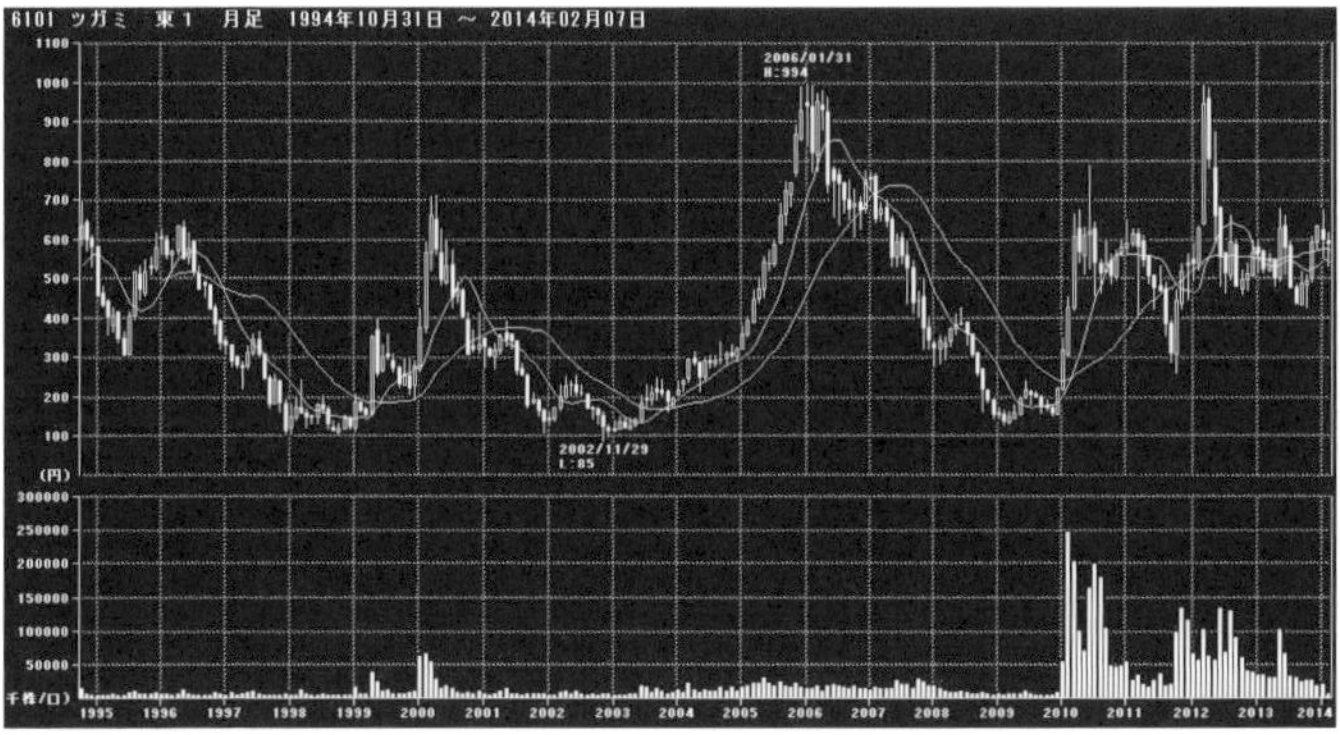

週足で見たツガミの売買レンジ

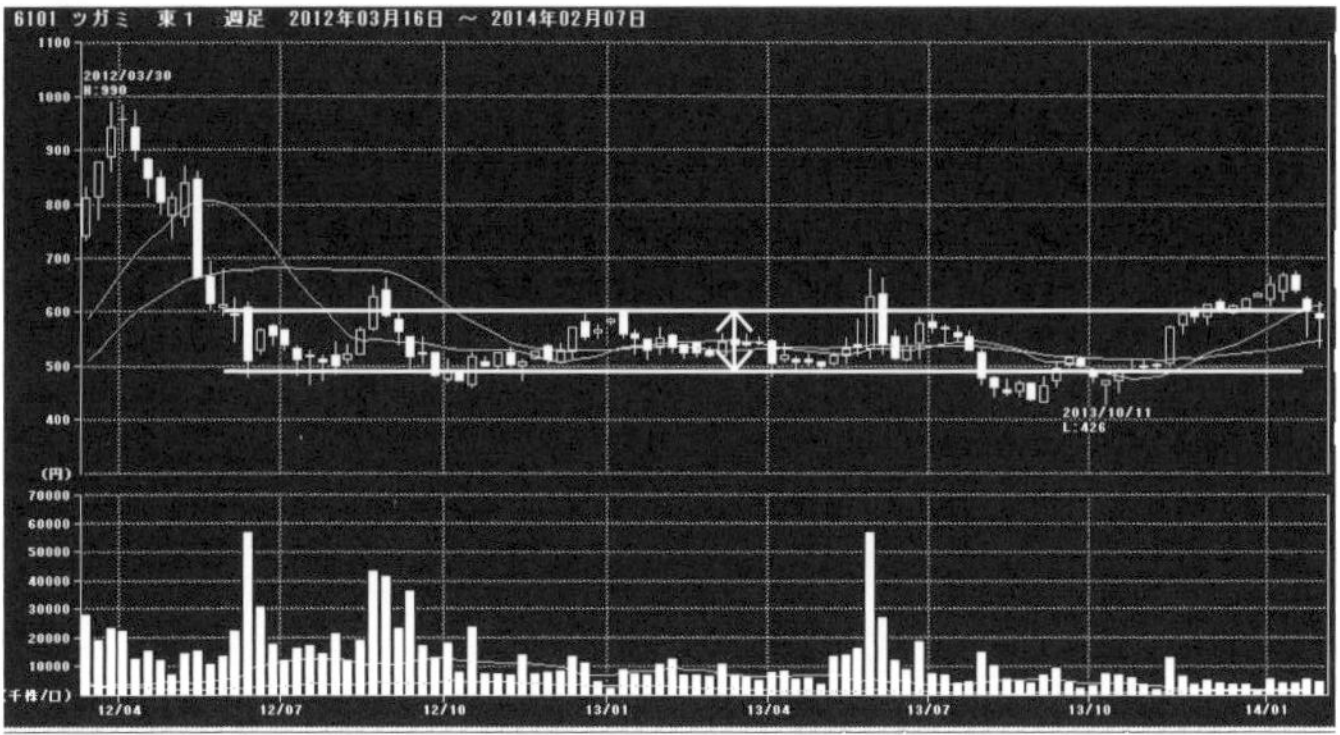

皆さんもこの付近で売買されるとよいと思う。「大日本スクリーン」同様、大きく下げたときはナンピン買いするのがよい。

4 旭化成（3407）

【オススメ度】★★★★★

これも私が得意としている銘柄。月足で見ていただくと、大日本スクリーンやツガミほどではないが振動が確認できると思う。この銘柄では通算100万円ほど儲けている。500円で買って620円で売ったことは先に述べたが、実はさらに2000株を850円で売ることに成功した。

昨年来、旭化成が日々値を上げていることは毎日チェックしていた。**配当も良いので、**もし売り時を逃しても構わない、また上がるまでずっと持ち続けていればよい。一度どこまで上がるか試してみようと思い、持ち続けた。850円と指値した理由はと言われても、「勘」としか答えようがないが、強いて言えば毎日株価をチェックしたこと、日経平均と照らし合わせたことだろうか。その後下方修正が嫌気され、株価は下げに転じている。自画自賛もよくないが、本当に上手く売り抜けることができたと思っている。

月足で見た旭化成の売買レンジ

旭化成 週足

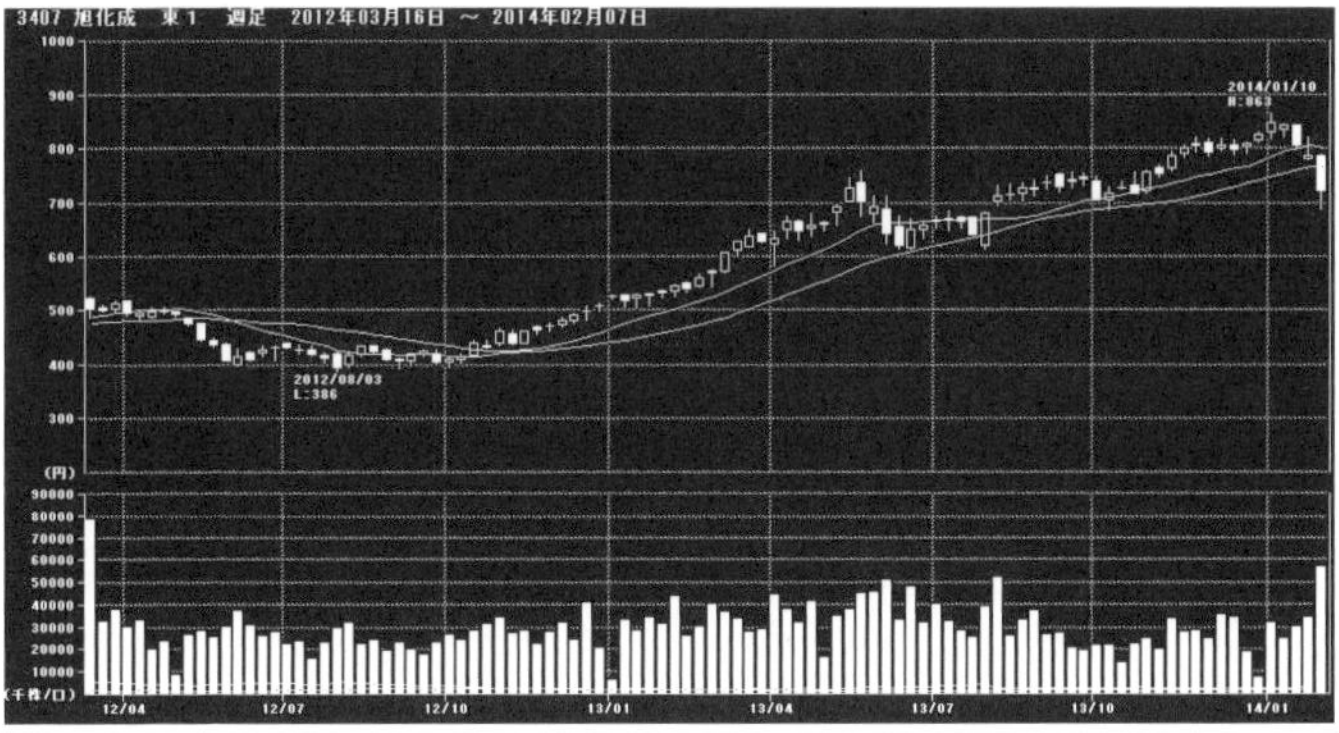

読者の皆さんも、経験を積んできたら、このように「長打」を狙ってみるのもよいと思う。

【売買の目安】

下げに転じているとはいえ、まだまだ高い。600円を割るまでは待っていたほうがよい。2000株買って、750円程度で売るのが無難と思われる。何故か配当が良いのも大きな魅力である。時間はかかるが、堅実な株だ。

5 トヨタ自動車（7203）

【オススメ度】★★★★

トヨタ自動車は、これまでの銘柄のように大きな振動が見られる銘柄ではない。したがって、短期間に何度も利食いできるような銘柄ではない。利食いするためには安くなることが必要だが、**リーマン・ショックが買い場を作ってくれた。**私は3300円ほどで500株買った。「これは20年前の株価じゃないか」と飛びついたのだ。2013年初め、安倍首相の金融緩和策によって徐々に株価を上げてきたが、正直まさかここまで上がるとは思

トヨタ自動車　月足

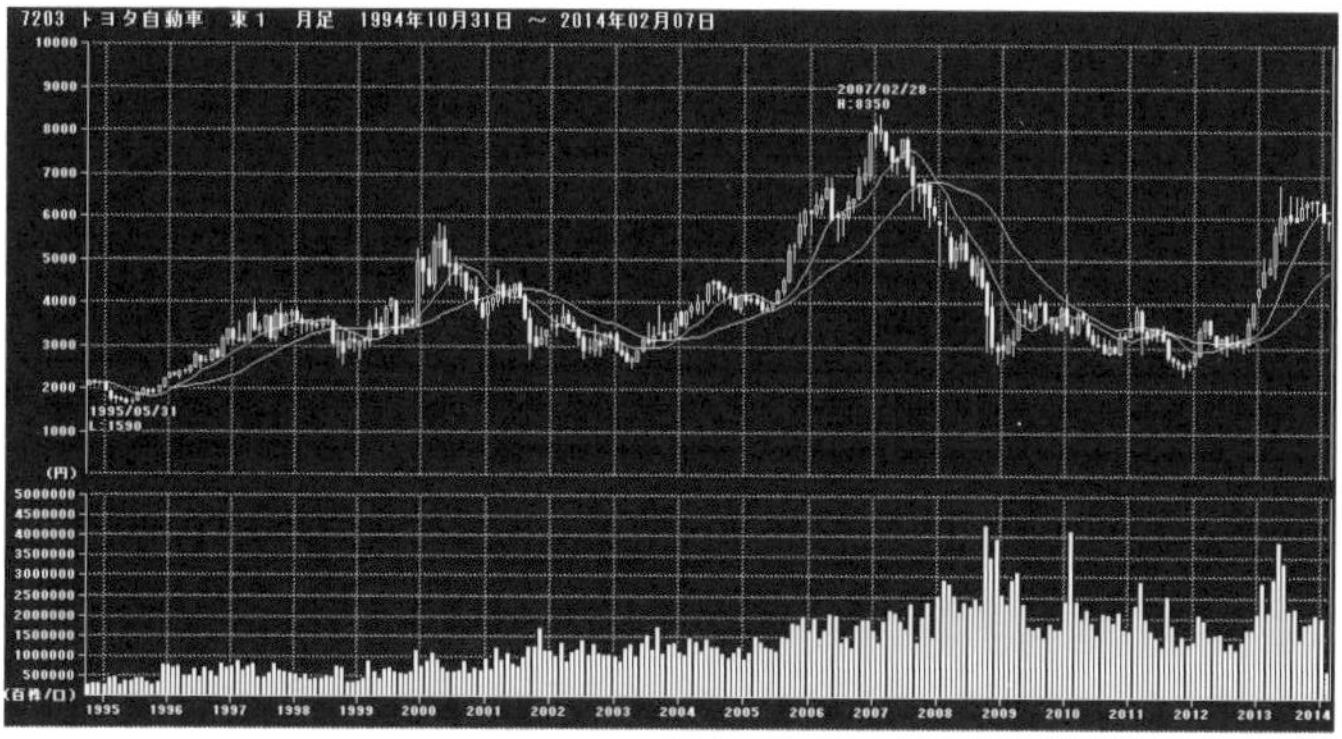

トヨタ自動車　週足

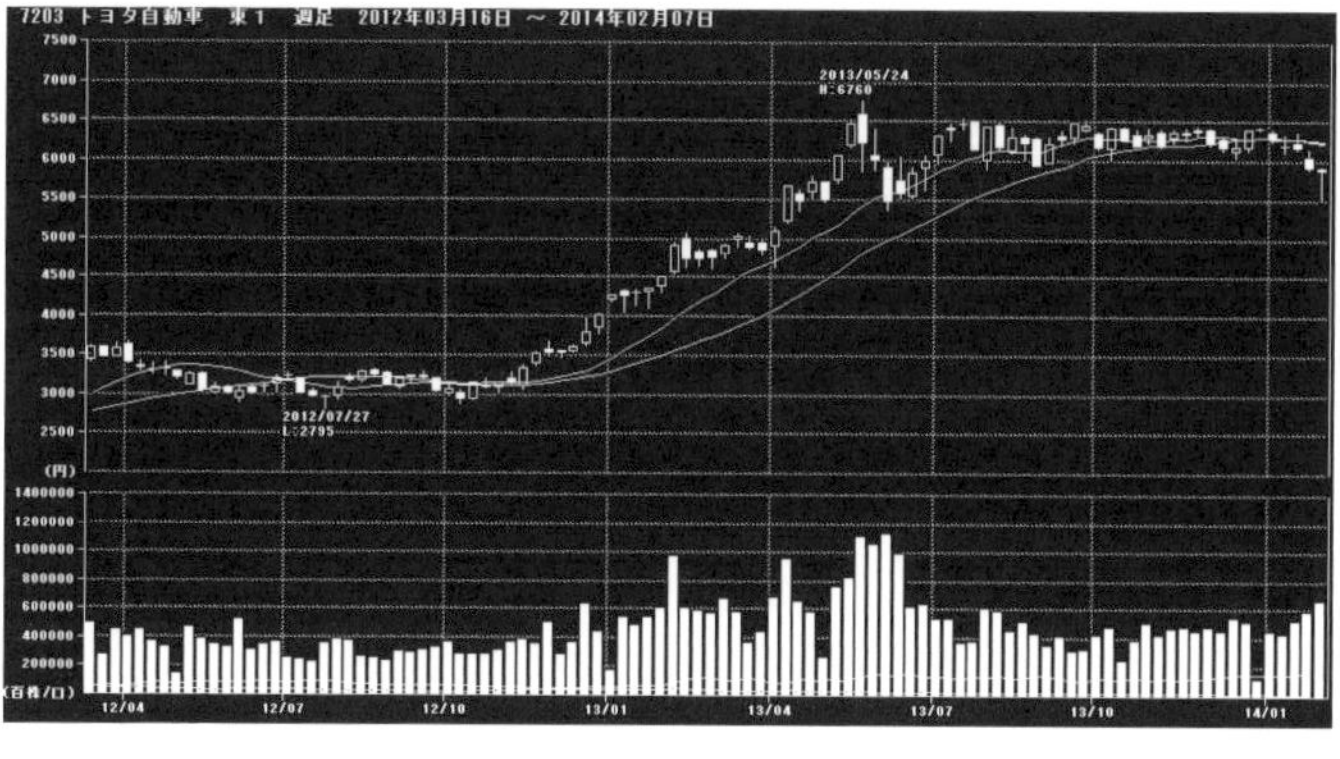

っていなかった。そのため、２００株を４５００円ほどで売ってしまった。

といっても特に後悔しているわけではない。何しろ株価の動きは予測不可能であり、日経平均がその後1万６０００円を超えるなど、誰にも分からなかったのだから。現在は残りの３００株を保有しているが、過去最高の営業利益を発表した今、株価の評価はまだまだ低いと思っている。具体的には、少なくとも７０００円以下で売るつもりはない。今足踏みしているのは、営業利益がほぼ想定の範囲内であったためのようだ。６月に２０１３年度の業績が上方修正されたり、配当の増加というニュースがあれば、さらに上値を試すのではないかと思っている。私の中の目標は８０００円だ。

【売買の目安】

現在の６０００円台の価格というのは、売るには安いし買うには高い、という水準。買うのなら、やはり５０００円は割ってほしい。そして、８０００円を超えた時に売る。配当も良いし、資産株として長期に渡って持っていてもよいと思う。

尚、トヨタはこれまでの銘柄のように明確な振動は確認されないので基準線は引いていない。

6 三井住友フィナンシャルグループ（8316）

【オススメ度】★★★★

２００２年12月に設立・上場された比較的新しい会社。父は住友系の会社を投資目的として気に入っており、この銘柄にも上場するなり目をつけたようだ。本銘柄だけで８００万円以上の利益を得たことはすでに述べたとおり。

私は２０１１年、２８００円で５００株買った。しかしこれもトヨタ自動車同様、このうちの３００株を４２００円で売ってしまった。何しろ2年近く２０００円台で低迷し（次ページ図参照）、いい加減しびれが切れそうだった。そのときは「４０００円になることなどあるのか、４０００円になったら迷わず売ろう」と思っていたのだから。

まだ２００株持っているだけよしとしなければならないのだが、以前に1万３０００円を付けていることを考えると、８０００円くらいまでは放置、持ち続けていようと思っている。

三井住友フィナンシャルグループ　月足

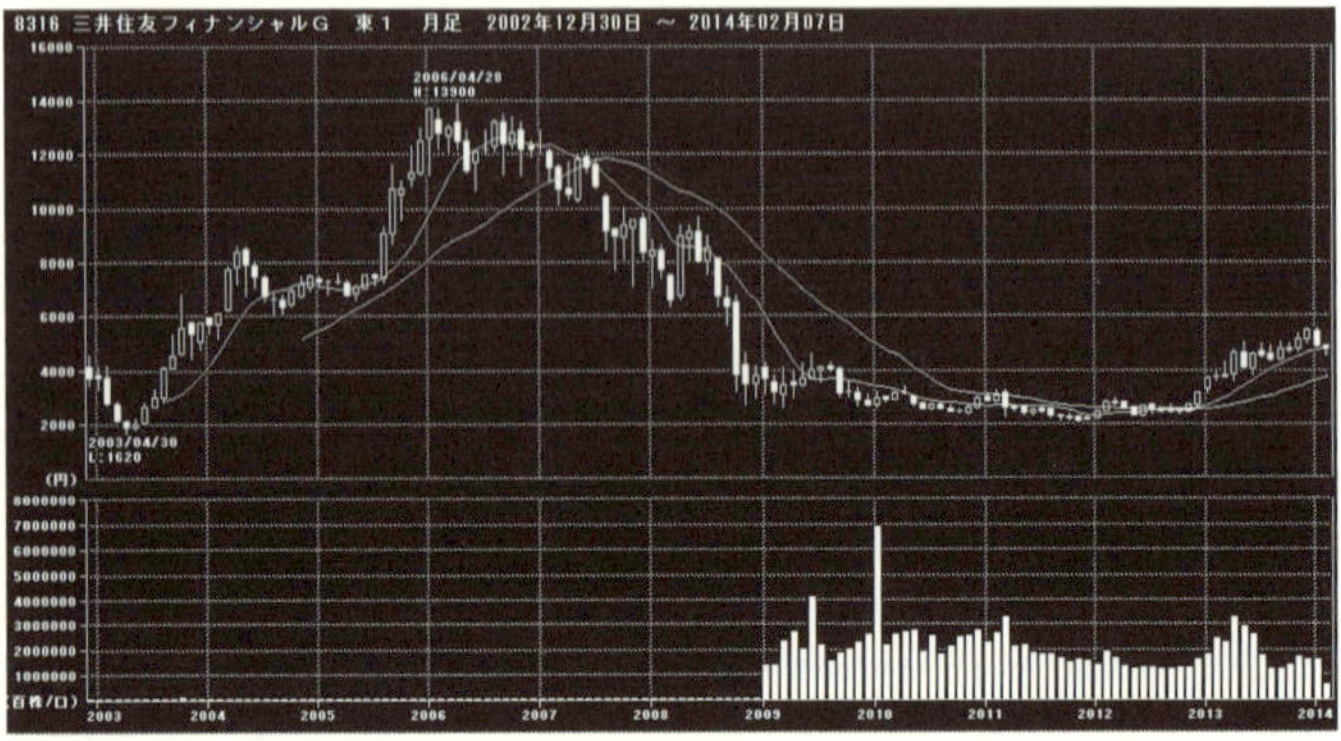

三井住友フィナンシャルグループ　週足

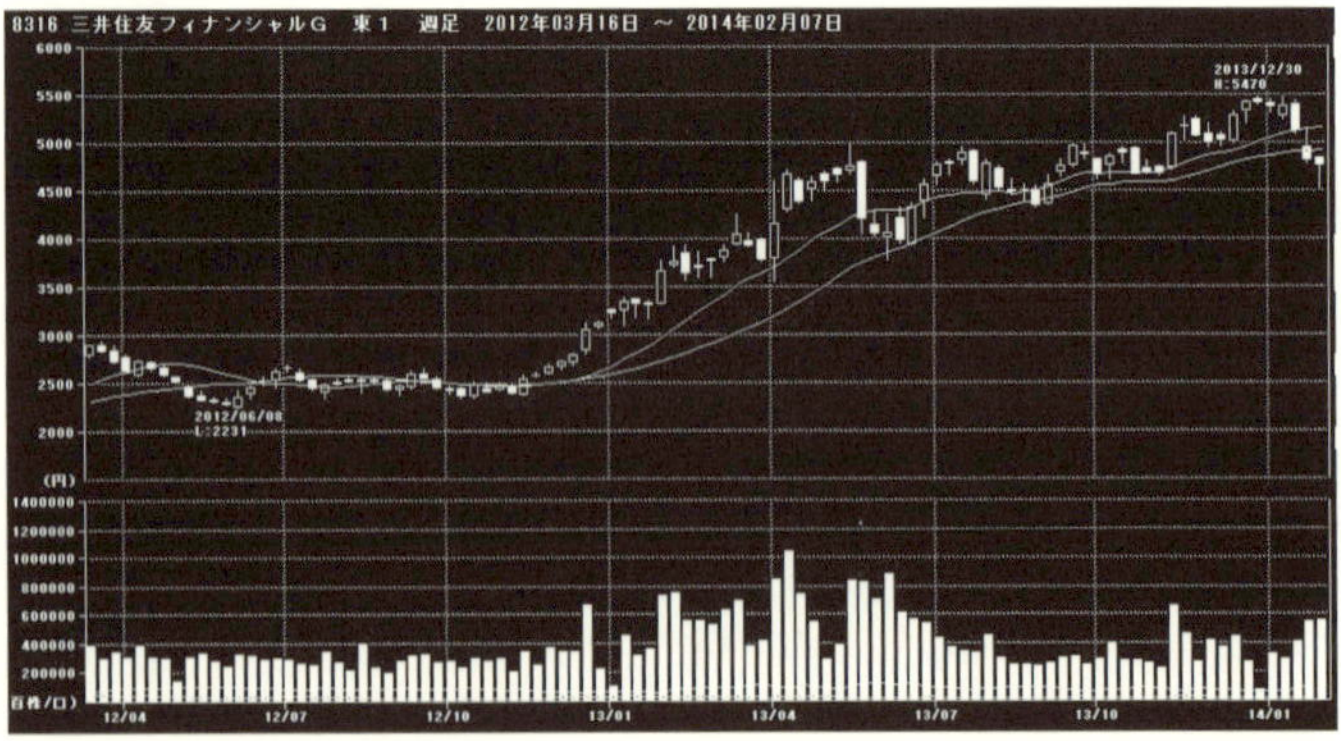

【売買の目安】

今買うのは高すぎる。少なくとも4000円を割るまでは待ちたい。売値は難しいが、私の目標とする8000円はあまりお勧めできない。5500円程度で確実に利確するのが妥当と思う。それだけでも大きな利益になるはずだ。

本銘柄も振動は確認されないので基準線は引いていない。

7 パナソニック（6752）

【オススメ度】★★★★

トヨタ自動車と並んで日本を代表する企業。トヨタ同様、短期間に大きな値動きがある株ではない。2003年に1000円を一時的に割ったことはあるものの、2006年以降は2000円以上で推移し、私にとっては言わば「高嶺の花」的存在だった。ところが、テレビ事業と携帯電話事業に失敗し、7000億円以上の赤字を計上してくれたことで思わぬ買い場を作ってくれた。2012年11月に400円を割った時はさすがに買うのをためらった。というのもその直前、シャープが同じく巨額の赤字を出したことで株価が200円を割っていたからだ。

「パナソニックもそこまで下がるかもしれない」。そう思って様子を見ていたが、その後反発、600円を超えたあたりでもう底は打っただろうと判断した。結局、670円と710円で1000株ずつ買い、現在も保有している。約100万円の含み益を持っているが、いつ売るべきかかなり迷っている。高度な技術・品質を持つメーカーだし、当初は2000円になるまで放置しておくつもりでいた。しかし、もし仮に2000円で売ることができれば税引き後でも200万円の利益となるが、いくらなんでも話が上手すぎやしないかと思っている。それこそ大ホームランだ。それを考えると1700円程度で売りではないかと思っている。

【売買の目安】

今は全く買い時ではない。再び何らかの事業で失敗するなどし、大きく下げるまで待つべきだ。目安として、900円以下。超のつく優良企業なので、1000株単位で買ってほしい。1300円ほどで売っても大きな利益が出る。実は私はパナソニックに一時期勤務していたので、彼らがいかに必死に仕事をしているかはよく知っている。いくら下がってもそのまま沈没するようなことは絶対にない。

本銘柄も明確な振動を確認できないので基準線は引いていない。

パナソニック　月足

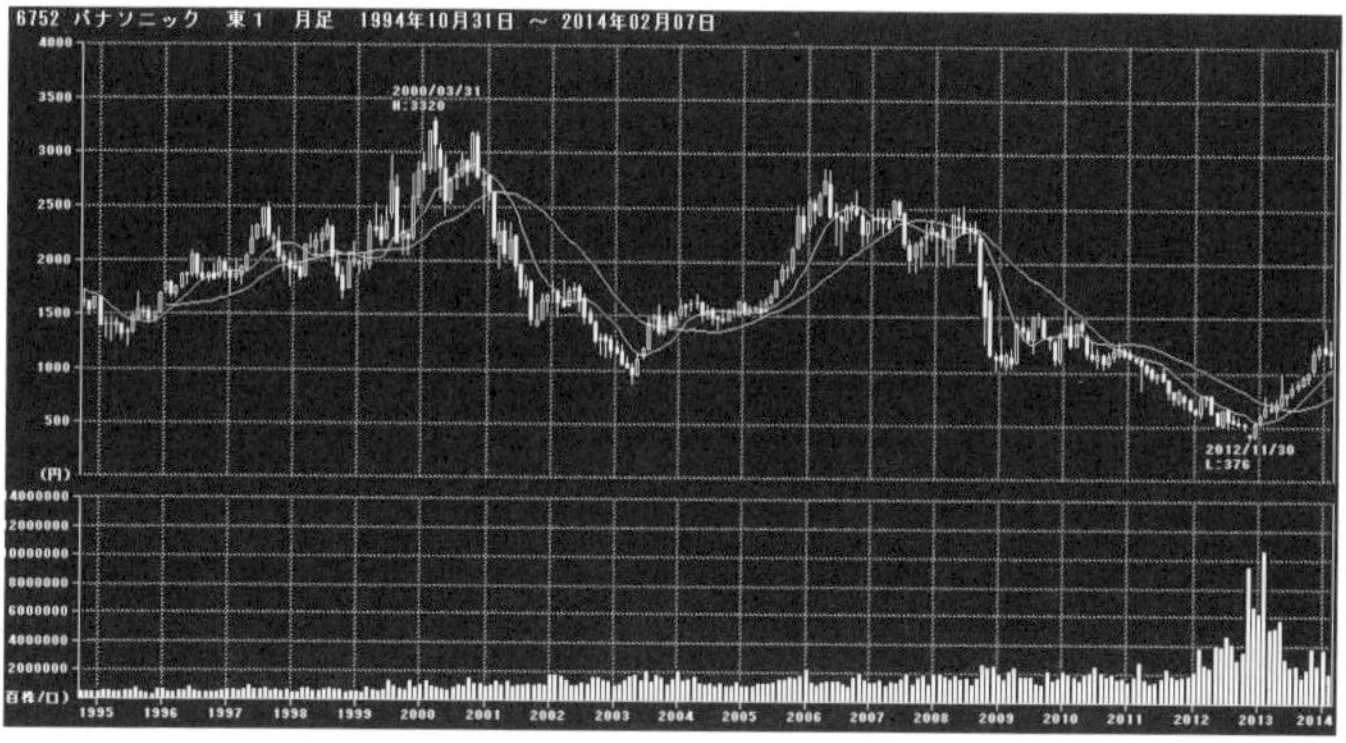

パナソニック　週足

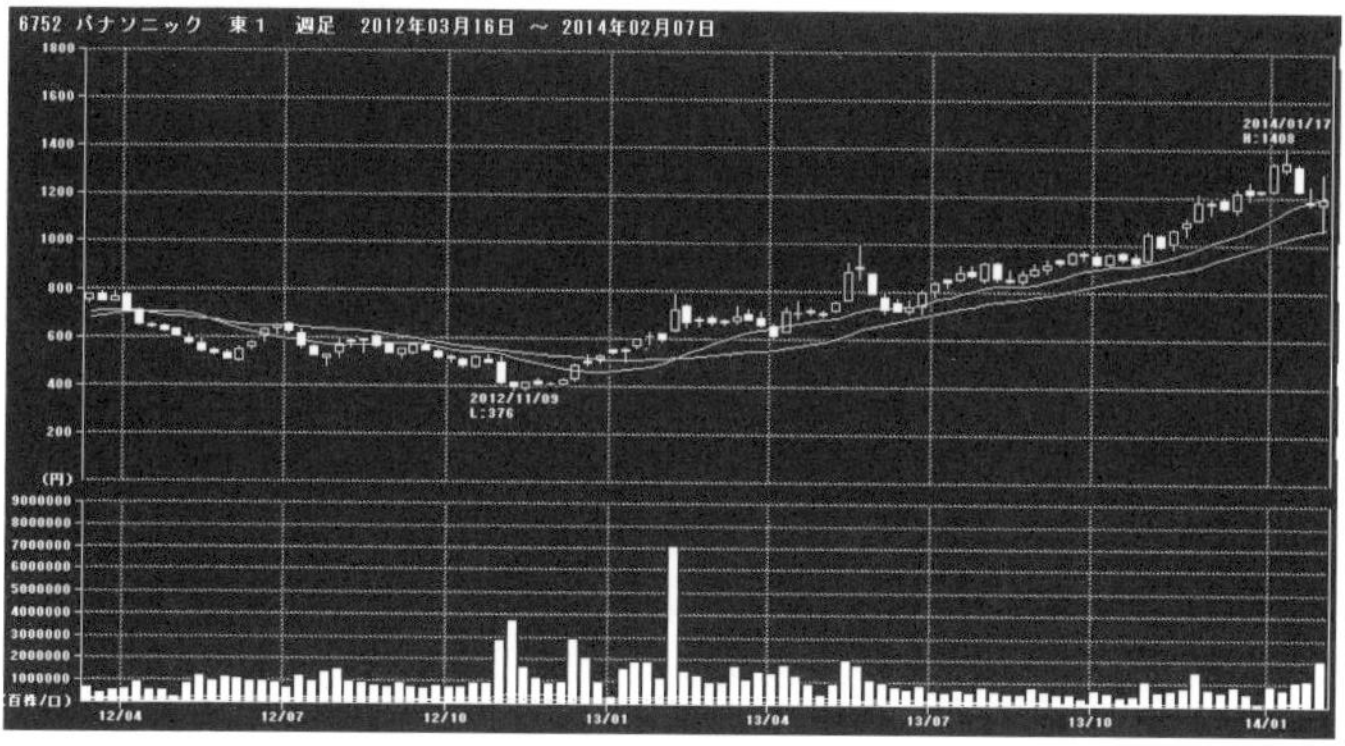

8 富士通（6702）

【オススメ度】★★★★

富士通は一般的にはパソコン、携帯電話といった家電メーカーのイメージが強いかもしれないが、システムインテグレータも大きな事業となっており、その分野で国内首位。無論優良企業だ。

月足チャートだが、2000年1月に5030円というとんでもない高値を付けたが、その後は1000円以下で推移しているので、分かりやすく見えるよう、2002年以降のチャートを示した。振動の幅はとても大きく、おおよそ400円から1000円ほど。私は2012年7月に340円で2000株買った。700円くらいまで持ち続けるつもりでいたのだが、家族の者から「早く売って利確してくれ」と強く迫られ、450円で売却。その後2013年第4四半期の決算が好感されて600円を超えている。別の家族の者も、「富士通など買うべきではない。もう、売るものがない」と言っていたため、ついつい私も弱気になってしまっていた。やはり、「必勝銘柄」は決して侮れない。必ず上昇に転じるものであることを身をもって実感した。

月足で見た富士通の売買レンジ

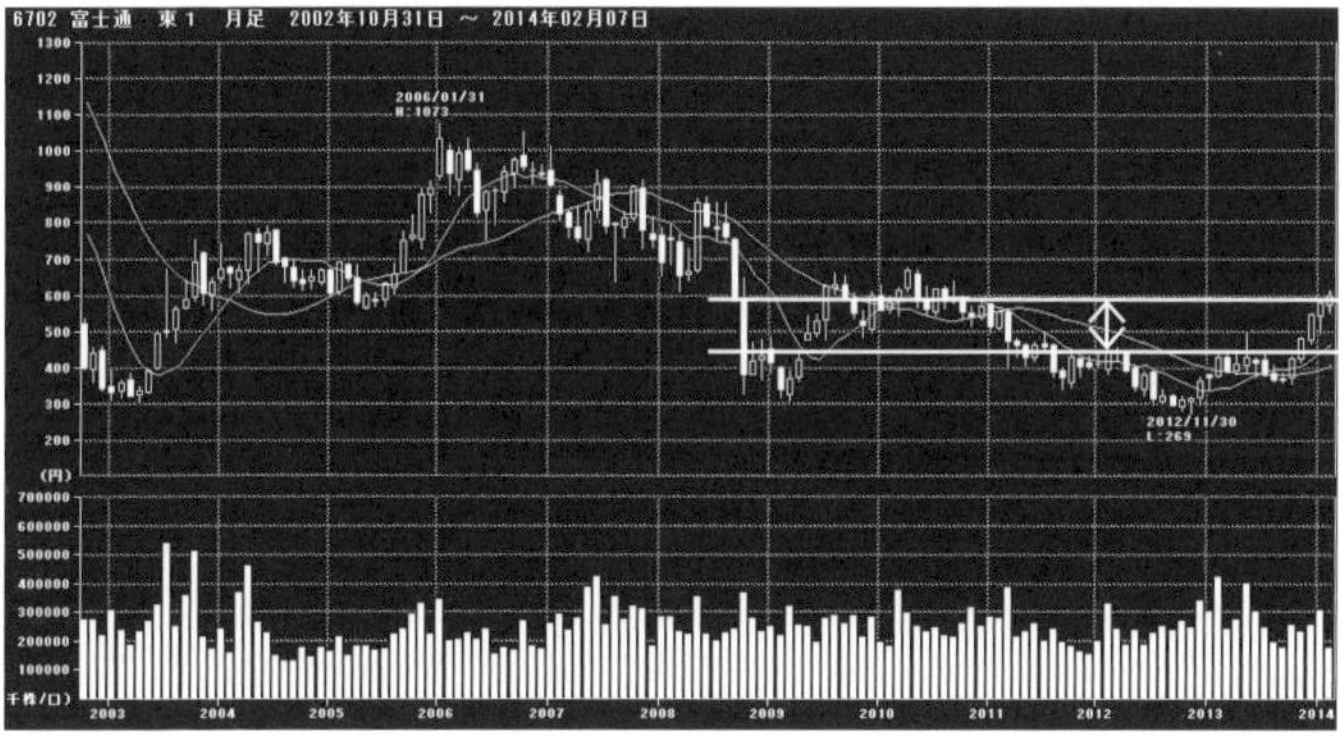

富士通　週足

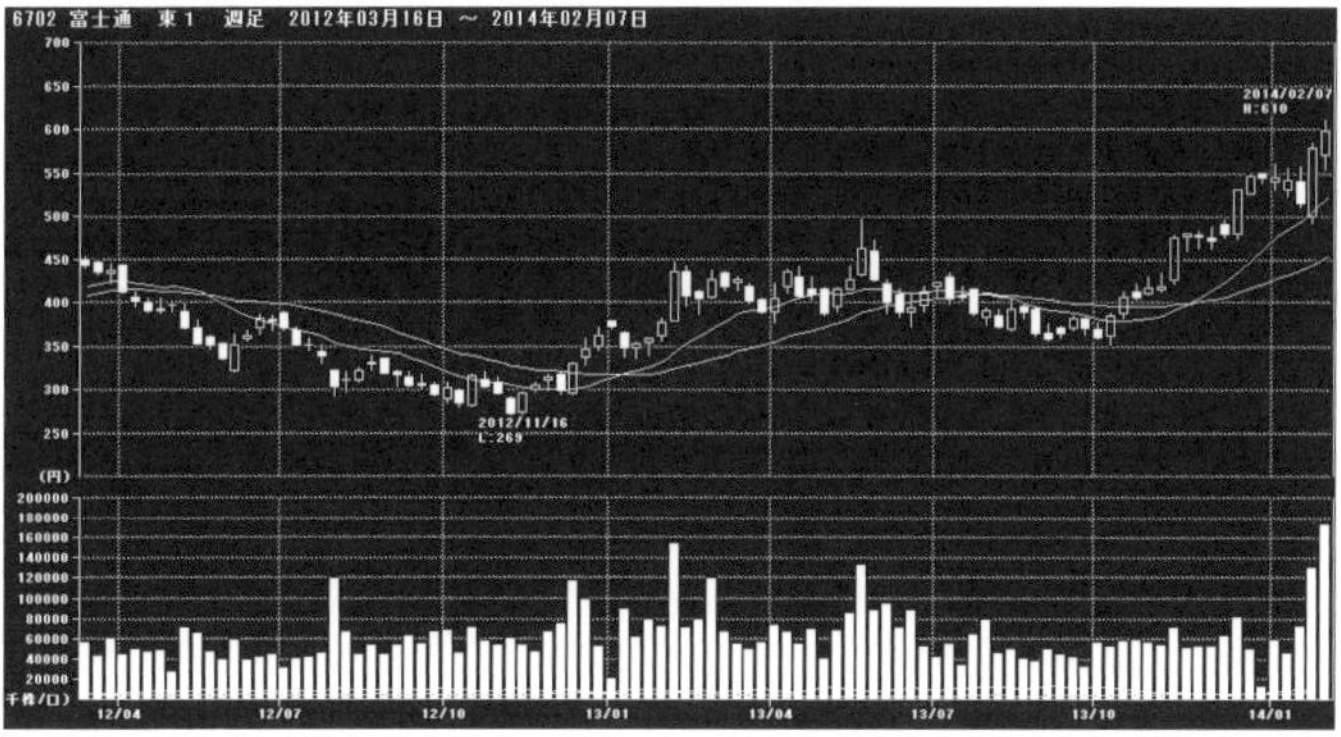

皆さんも、本書を読んで取引したとしても、周りの言うことは絶対に信用すべきでない。きっとその人たちも株に関しては素人なのだろうから。私の轍を踏んではほしくない。

【売買の目安】

高値追いは絶対禁物。340円は無理にせよ、500円までは待ちたい。私自身、もし500円になればもう一度買い直そうと思っている。売値は650円程度が無難と思う。

9 村田製作所(6981)

【オススメ度】★★★★

村田製作所は、1999年12月に2万5610円を付けたことがある。ITバブルによるマネーゲームによるものだと思うが、その後は2500円から1万円程度で推移しているので、月足チャートは2002年以降について示した。私は、株券が電子化される以前に父が株券で証券会社に持ち込んだ100株のみを所有していて(買値は分からない)、アベノミクス相場が始まった直後の2012年12月、5000円で手放してしまった。

月足で見た村田製作所の売買レンジ

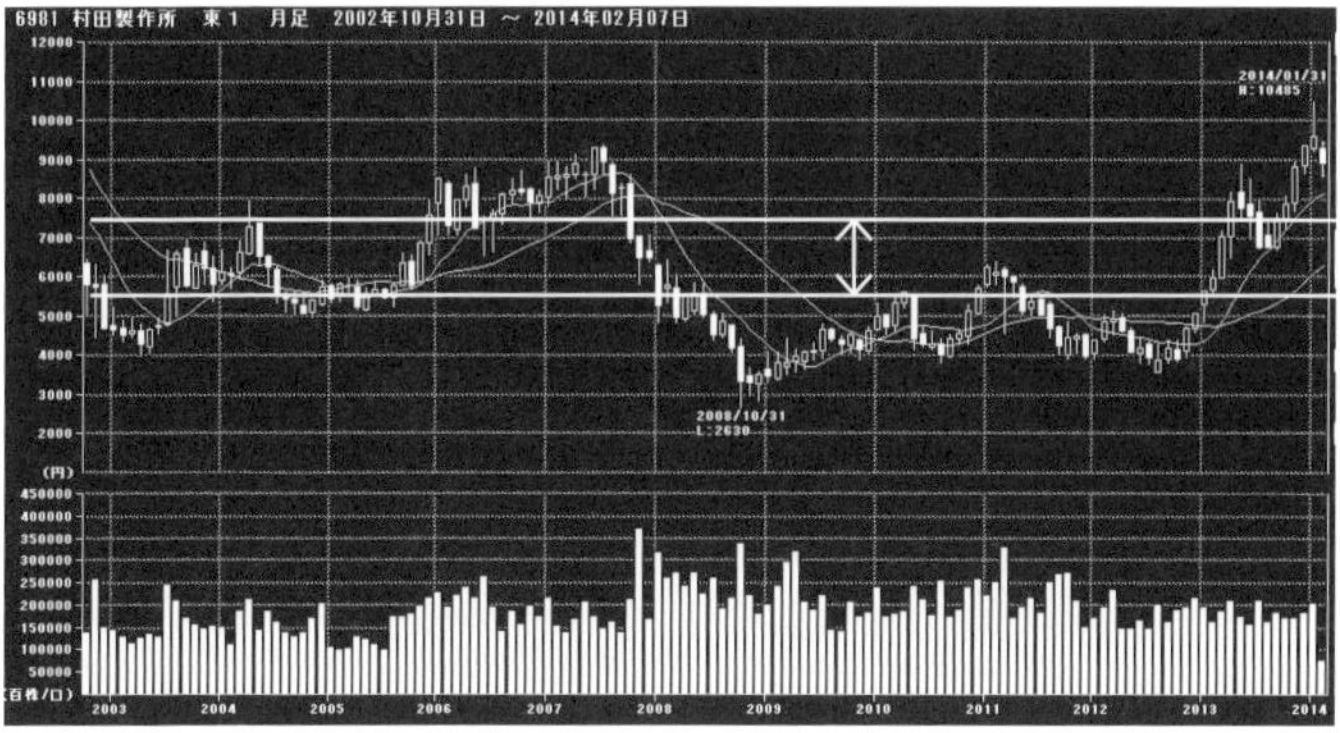

村田製作所　週足

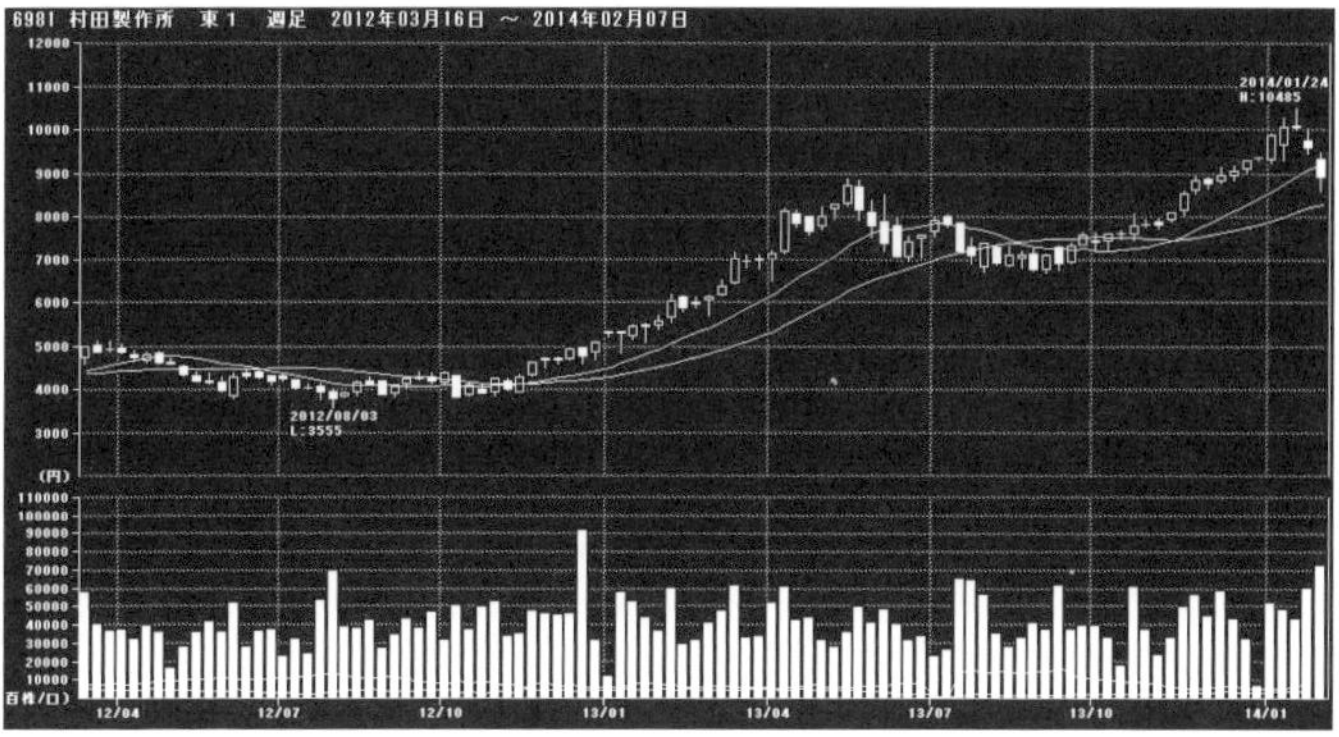

当時、私はアベノミクスに期待しつつもあまり信用することができず、「また野田首相時代のように株価が下がるかもしれない」と思っていた。まさか1万円を超えるとは思ってもいなかった。今から言っても仕方がないが、どうせ100株なのでしばらく持っていればよかったなと思っている。

【売買の目安】

月足チャートを見ていただくと、おおよそ3000円から9000円程度で変動しているのが分かると思う。今は絶対買ってはならない。やや下げに転じているので、このまま待ち、6000円になったら買いだと思う。時間はかかるかもしれないが、8000円まで待つとよい。

10 ジーエス・ユアサコーポレーション（6674）

【オススメ度】★★★★

YUASAと日本電池が合併し、2004年4月に上場した比較的新しい企業。YUASAの頃から父はこの銘柄に目をつけていた。

月足で見たジーエス·ユアサの売買レンジ

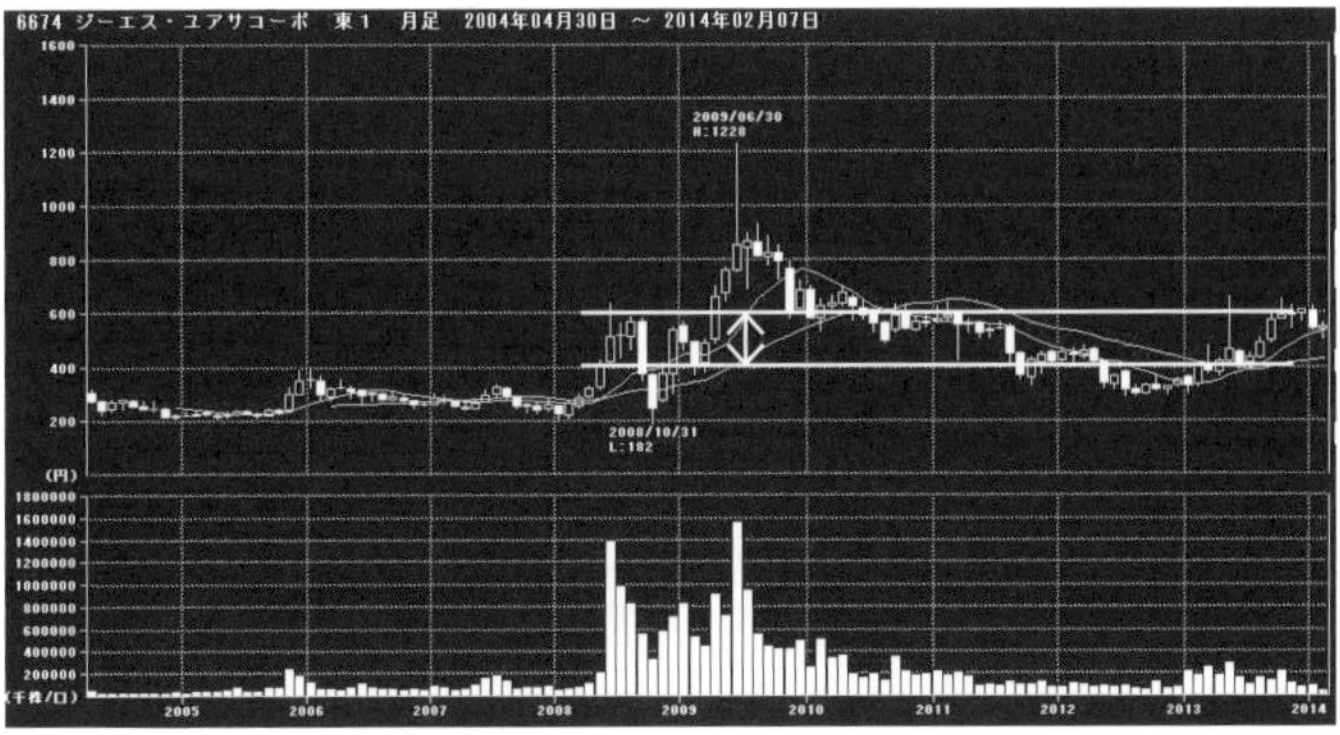

ジーエス·ユアサ　週足

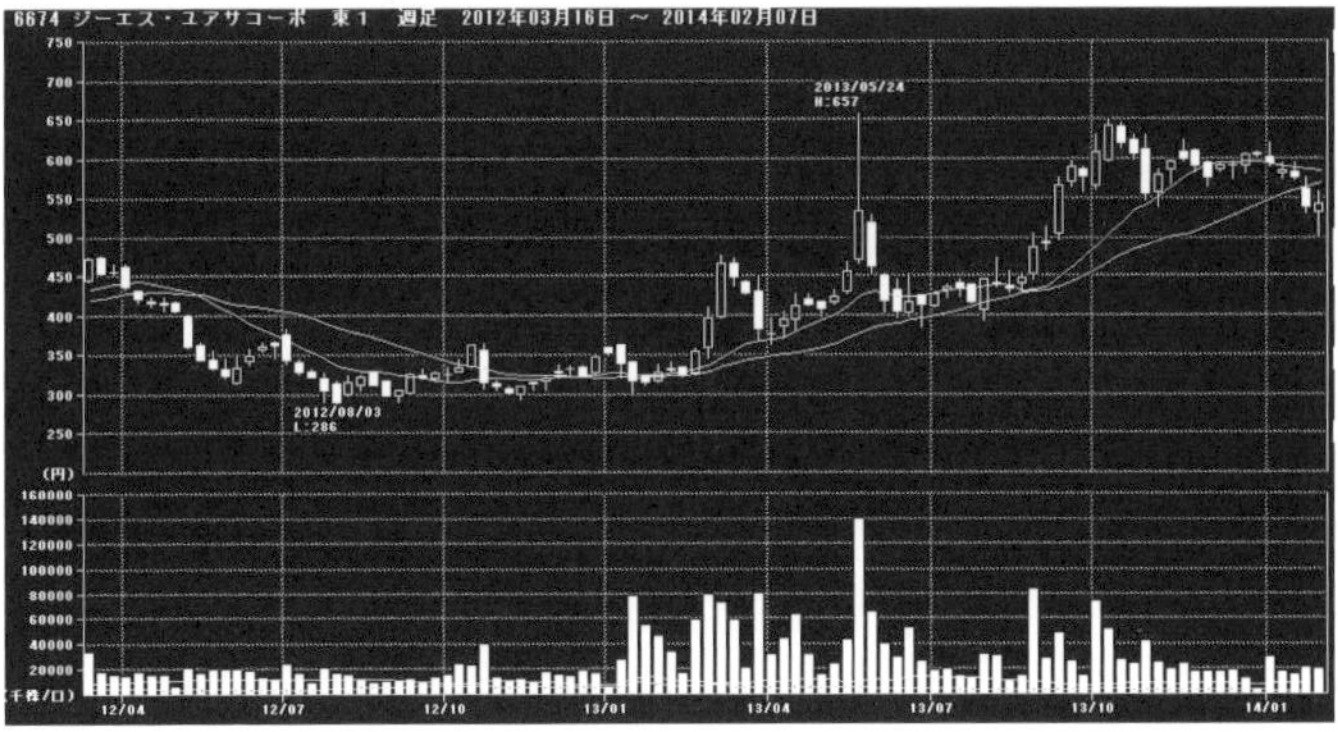

そうはいっても当時はどちらかと言えば株式市場では地味な存在で、株価も200円と300円を行ったり来たりと、正直冴えない株だった。

父は250円で2000株持っていた。何しろしばらく上限が300円だったのだから、2008年6月、ハイブリッド車や電気自動車の販売増加に伴ってバッテリー需要が急増し、株価が上昇して500円になった時に売らせてしまった。約50万円の儲け。その後一時押し戻されたが、まさか1000円を超えるとは思わなかった。とはいってもほんの一瞬のことだし、マネーゲームが過熱しただけのことだからそれを追いかけるつもりはないが。

ところで、今の株価のレンジは昔のそれとは明らかに違っている。

【売買の目安】

400円と600円の間で振動が確認できるので、400円で買って600円で売るとよい。2000株も買っておけばけっこうな利益が出ると思う。ややマネーゲームになりやすい株なので、そういうときに決して欲張ってはいけない。

11 オムロン（6645）

【オススメ度】★★★★

この銘柄も、過去20年間大きく上下動を繰り返している（次ページ図参照）。私は、父が残した、いくらで買ったか分からない（証券会社に株券で持ち込んだ）100株のみを持っていた。村田製作所と同分野の会社なので、村田製作所を早くに売ってしまった反省から、すぐに売ることはせず、月足チャートを何度も見て、まずはここ20年の高値である3500円を超えたことを確かめた。**直近の高値を超えると上昇に勢いがつく**、ということはよくある。

そうはいっても、ここでも「腹八分目」と考え、迷った挙句4200円で売った。その後4700円を超えたものの、今は下げに転じているのでなかなか良い時に売ったと思っている。

【売買の目安】

今は高値圏なので絶対買ってはならない。**株というのはいったん下げに転じるとさらな**

月足で見たオムロンの売買レンジ

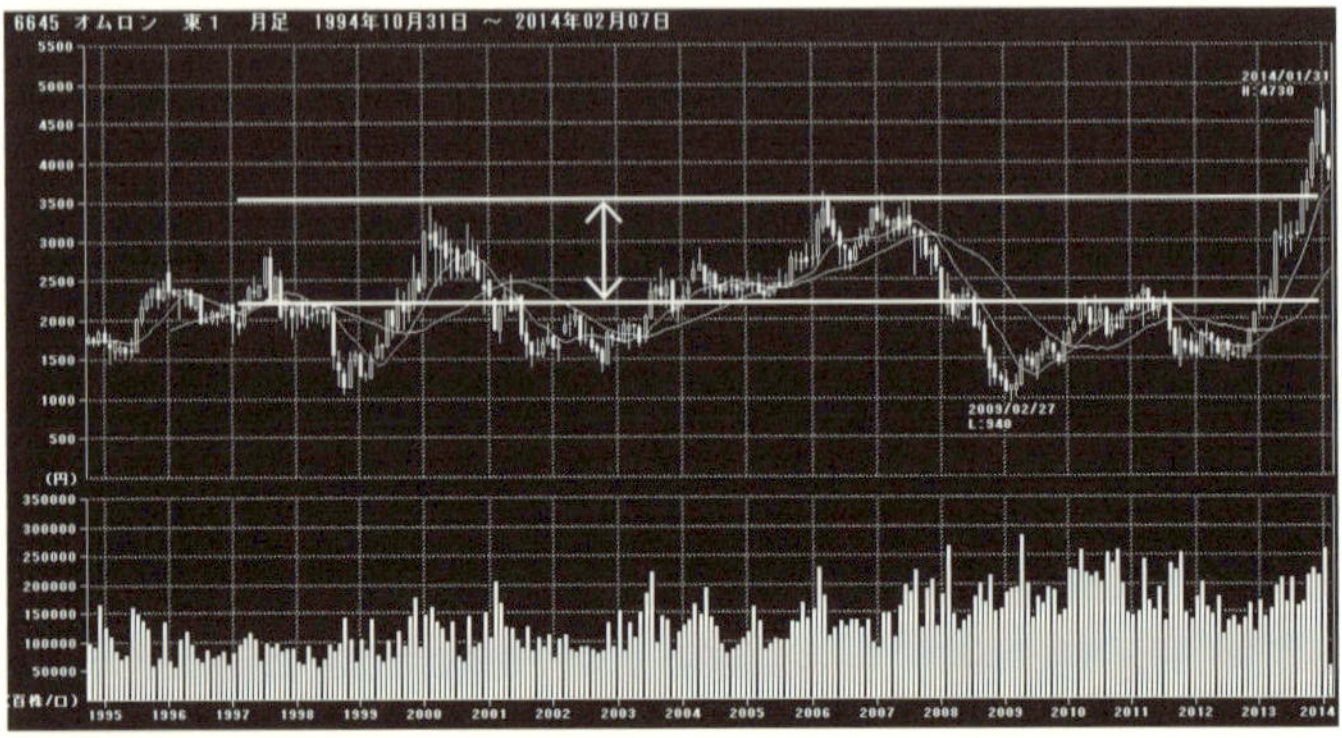

オムロン　週足

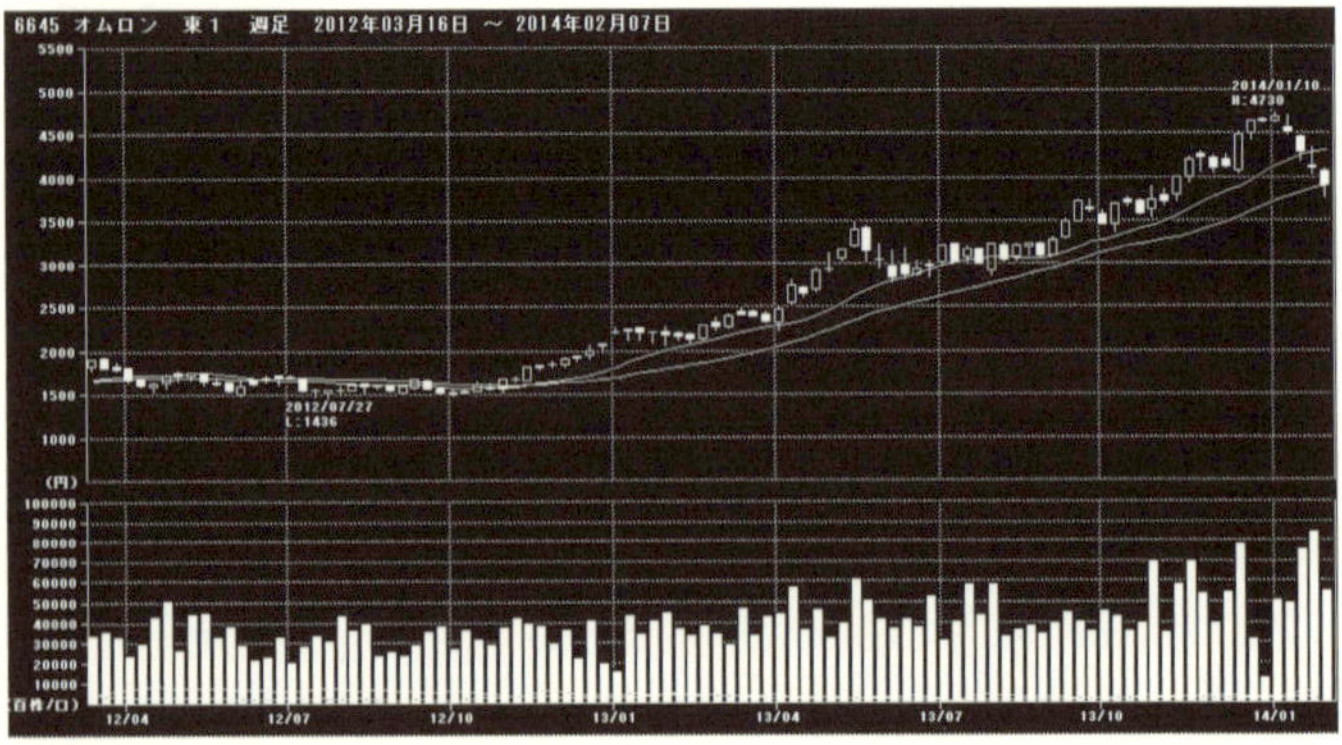

る下げを呼ぶものだ。２２００～２３００円で買い、３５００円で売るのが無難であると思う。

12 シャープ（6753）

【オスス メ度】★★★

シャープは、以前は超優良銘柄だったのだが、テレビ事業で失敗して５０００億円以上の赤字を計上してしまったのはご存知のとおり。ただ、収益は改善に向かっており、２０１３年度の当期利益は当初会社予想の2倍の１００億円になるとの見方もある。

私はシャープは平均取得単価３５０円で３０００株保有している。なんだかんだで技術は確かだし、今の株価水準は安すぎると思う。私は何年かかろうとも、１０００円になるまで放置しておこうと思っている。私の目論見では、２０２０年の東京オリンピックに向かって4K、あるいは8Kテレビの買い替え需要が進み、シャープもその恩恵を受けるのでは、と思っている。

尚、この株はＰＥＲ１００を超えており、たまにマネーゲーム化することがあるが、決してそういうときに買ってはならない。

シャープ　月足

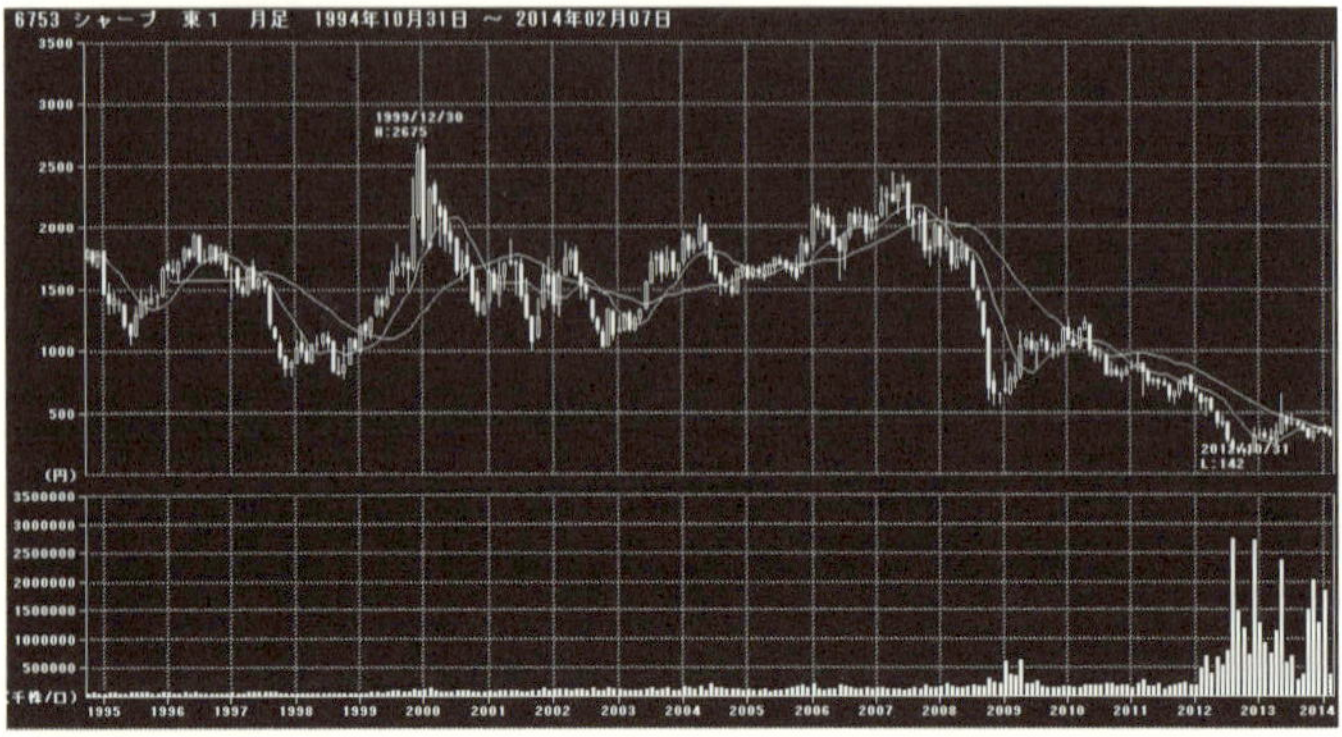

シャープ　週足

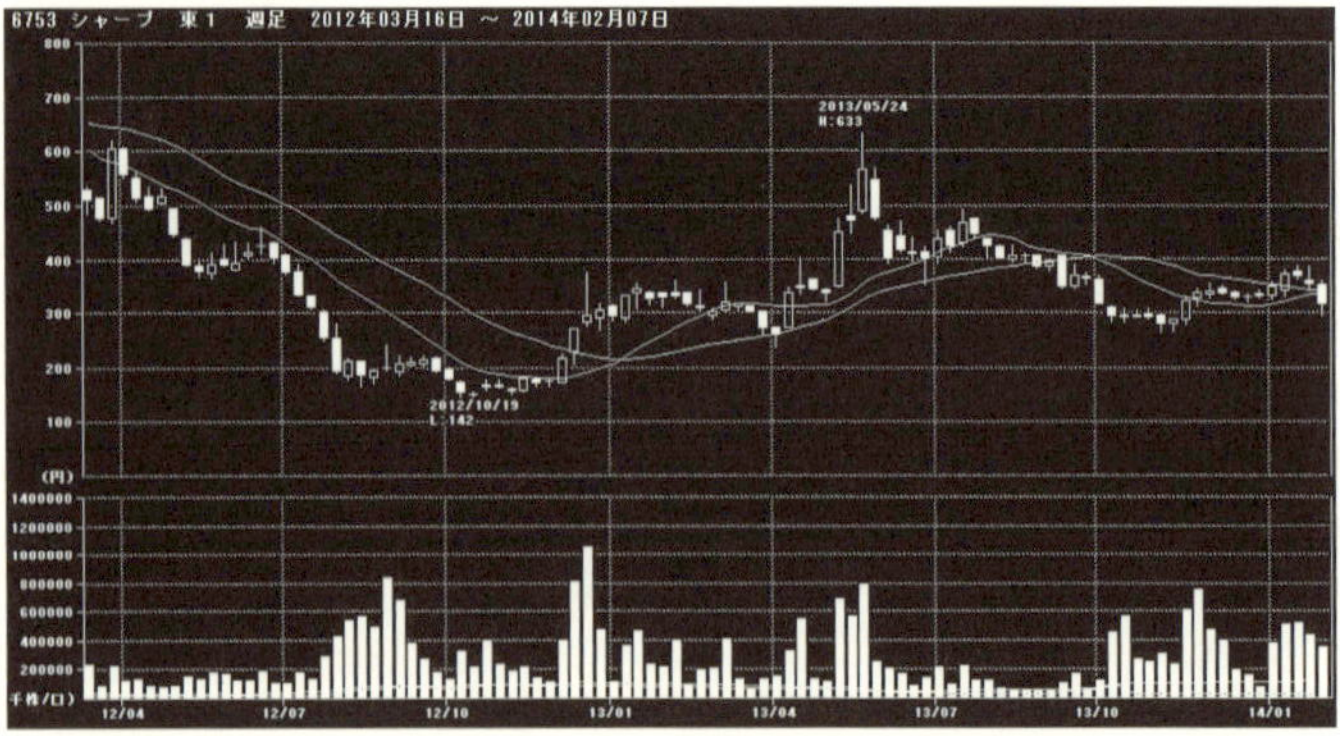

【売買の目安】

本稿執筆時点では315円。非常に安いと思う。300円であれば1000株であっても買っておいて決して損はしないと思う。長期間保有しておける余裕があるのなら1000円まで、そうでなければ500円程度で売却してもよいと思う。尚、本銘柄はとりわけ最近は明確な振動が見られないので基準線は引いていない。

13 三菱電機（6503）

【オススメ度】★★★★

やや時間はかかるものの、この三菱電機も確実に利益の出せる優良株である。

リーマン・ショック後、直近の最安値358円を付けたが、さすがに買う勇気はなかった。その後2011年2月に一時1000円を超えたとき上値を追いたい気もしたが、ポリシーに反すると思い、ひたすら耐えた。その後8月に800円で1000株購入（本来なら2000株買いたかったがすでに資金が尽きていた）。その後一時600円を割ったが恐怖に耐えて持ち続け、2013年5月に1000円で売った。約20万円儲けたわけだが、トヨタや三井住友フィナンシャルグループ同様、まさかここまで上がるとは思わなか

月足で見た三菱電機の売買レンジ

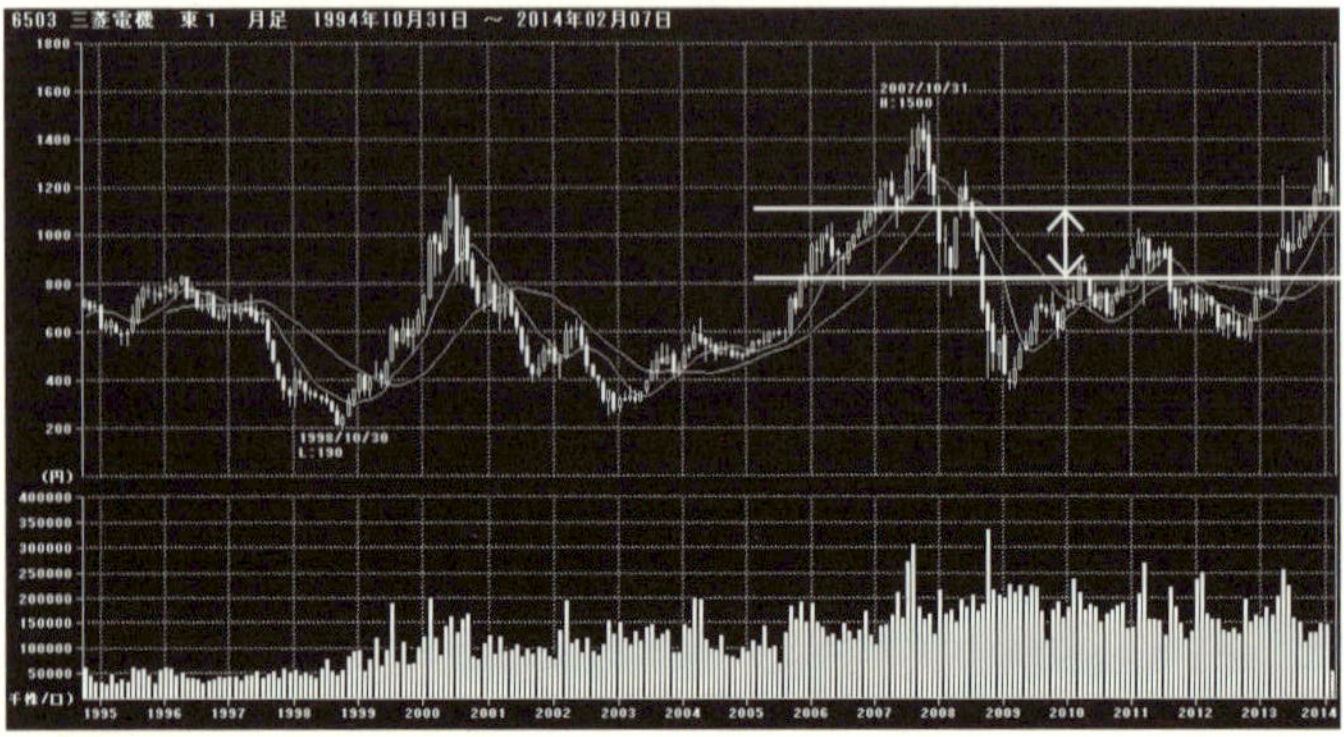

三菱電機　週足

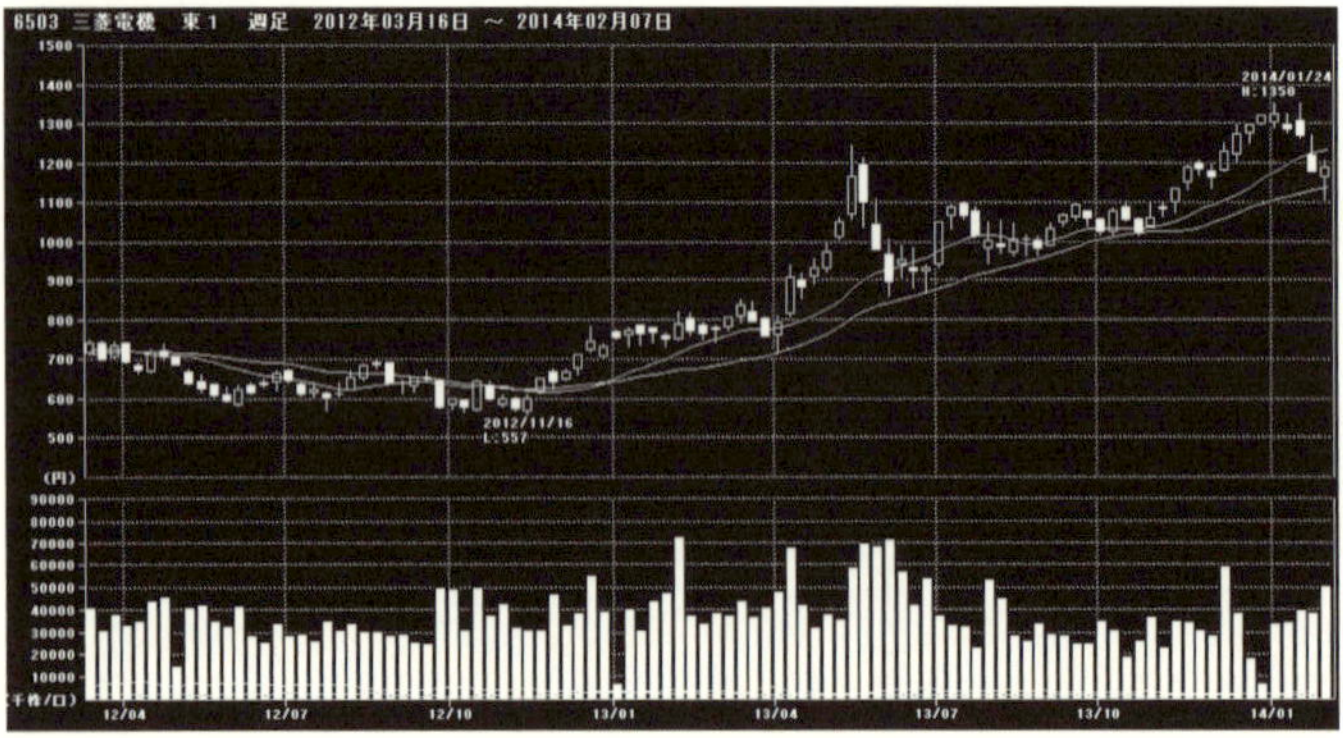

った。

そうはいっても後悔しているわけではない。周期は長いものの値動きは荒いので、下げたときにまた買おうと思っている。

【売買の目安】

三菱電機は最近業績が好調であるから簡単に下げるとは思えないが、900円を割ったら買いたい。これまでの実績から、1200円を目標にするとよいと思う。利益としては充分だ。ここでも絶対に欲張りすぎてはいけない。

14 協和発酵キリン（4151）

【オススメ度】★★★★★

キリン傘下の医薬品メーカー。会社名自体はあまり有名ではないかもしれないが、投資対象としてはこれまた絶好の銘柄である。**日経平均にあまり連動していないのが特徴。**20年チャートをご覧になってお分かりのとおり（次ページ図参照）、1000円を軸にして大きく振動しているのが分かる。父はこの銘柄で何度も利食いしていた。

月足で見た協和発酵キリンの売買レンジ

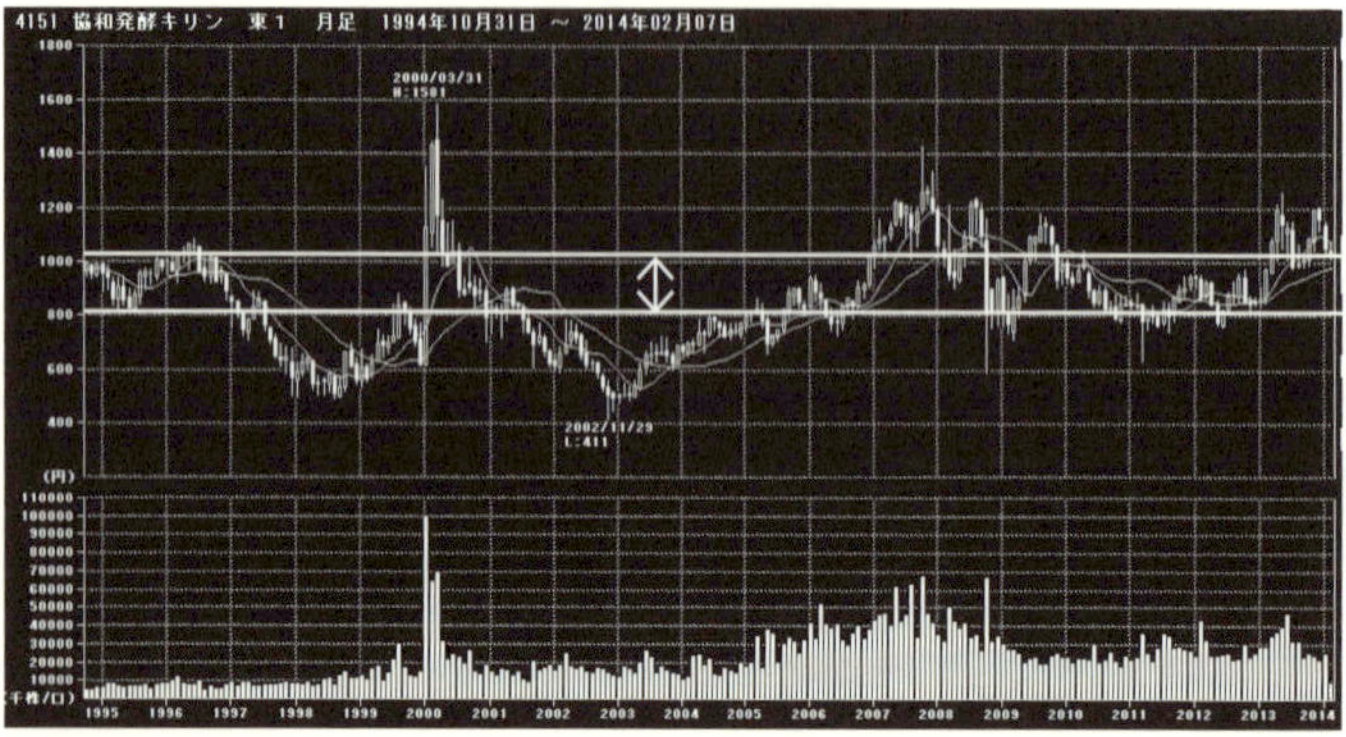

協和発酵キリン　週足

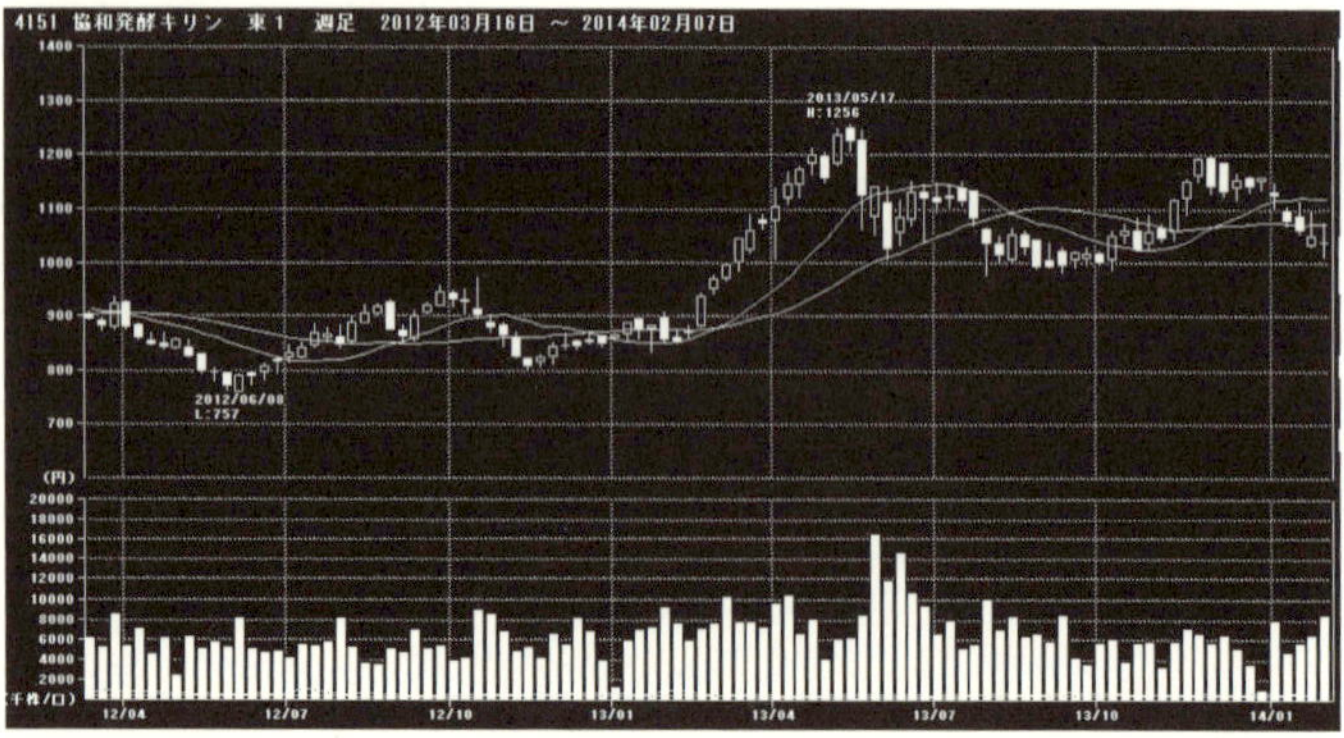

私はといえば、まず2009年2月に800円で1000株購入。その後急騰したため、5月に1000円で売却。その後2010年10月に再び800円で1000株買い、2013年3月に1000円で売却した。とにかく値動きが荒いから利益を出しやすい。非常に魅力的な株である。

【売買の目安】

大日本スクリーンやツガミ同様、**値動きが激しい株はいつ下げに転じるか分からない**ので、ここでも欲張らないことがコツ。900円で買い、1100円で売れば充分であると考える。いくら1200円、1500円を付けていても気にしてはならない。

15 住友化学（4005）

【オススメ度】★★★

この住友化学も値動きの大きい銘柄。20年チャートを見ていただくと（127ページ図参照）、激しく振動しながらも株価は全体的には安定していることがお分かりいただけると思う。ただ、2005年以前とリーマン・ショック以降とでは少し株価のトレンドが変わってきている。そのため正直先が読みにくい。

私は2012年10月、200円を割っていた頃、どう考えても割安に感じたのでとても買いたかったのだが、どうしても資金がなかった。しかし今見てみると株価は約2倍となっている。こちらも住友電工や富士通同様、まさに誰もが見放した時こそが買い、あのとき有り金をはたいて買っておけばよかったと後悔している。やはり「必勝銘柄」は必ず「復活」してくるのだ。後悔するのは決してよいことではないが。

【売買の目安】

現在の400円台はどうしても買うには抵抗がある。今住友化学は上昇基調にあるが、これまで上値を追いかけてもロクなことがなかったためだ。やはり、300円になるのを待って買うのが賢明だろう。2000株買って400円で売っても約20万円儲かるし、1000株買って500円まで待っても同様に20万円の儲けだ。配当が良いのも、長期保有にあたって有利な面の一つである。

住友化学　月足

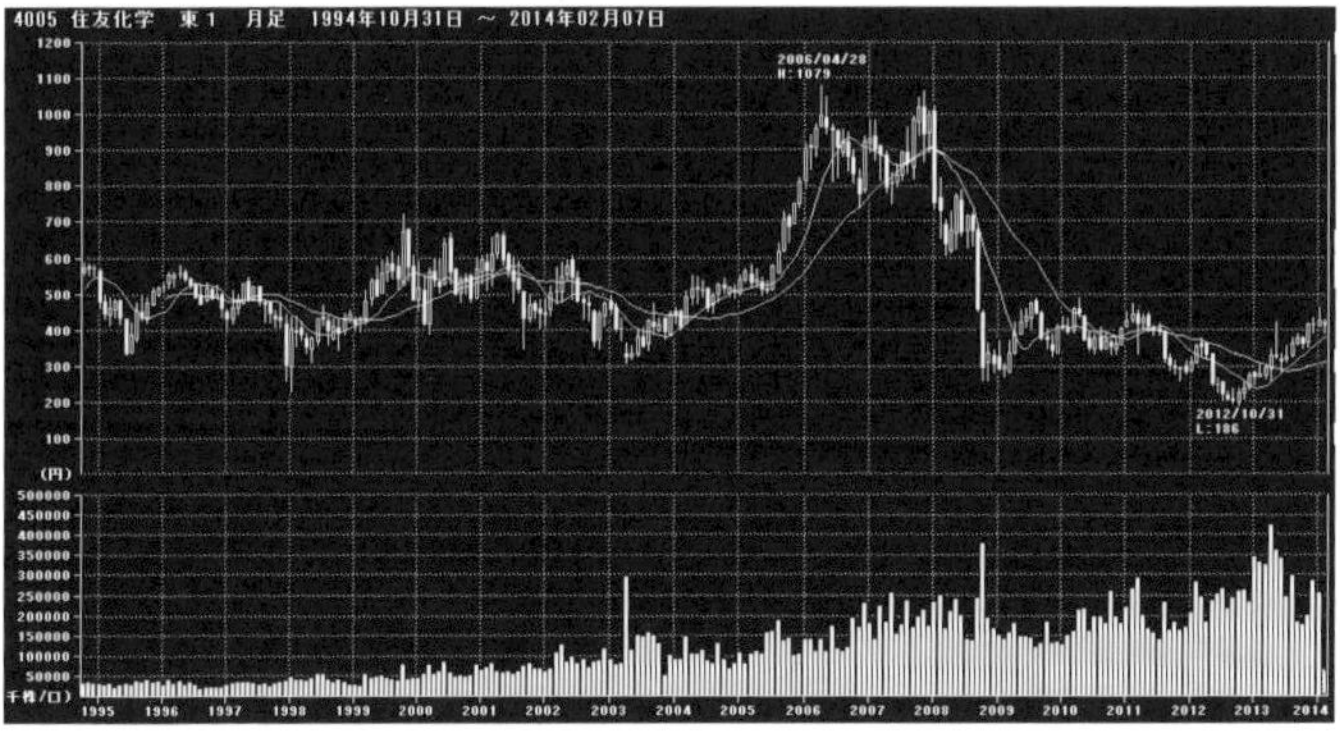

住友化学　週足

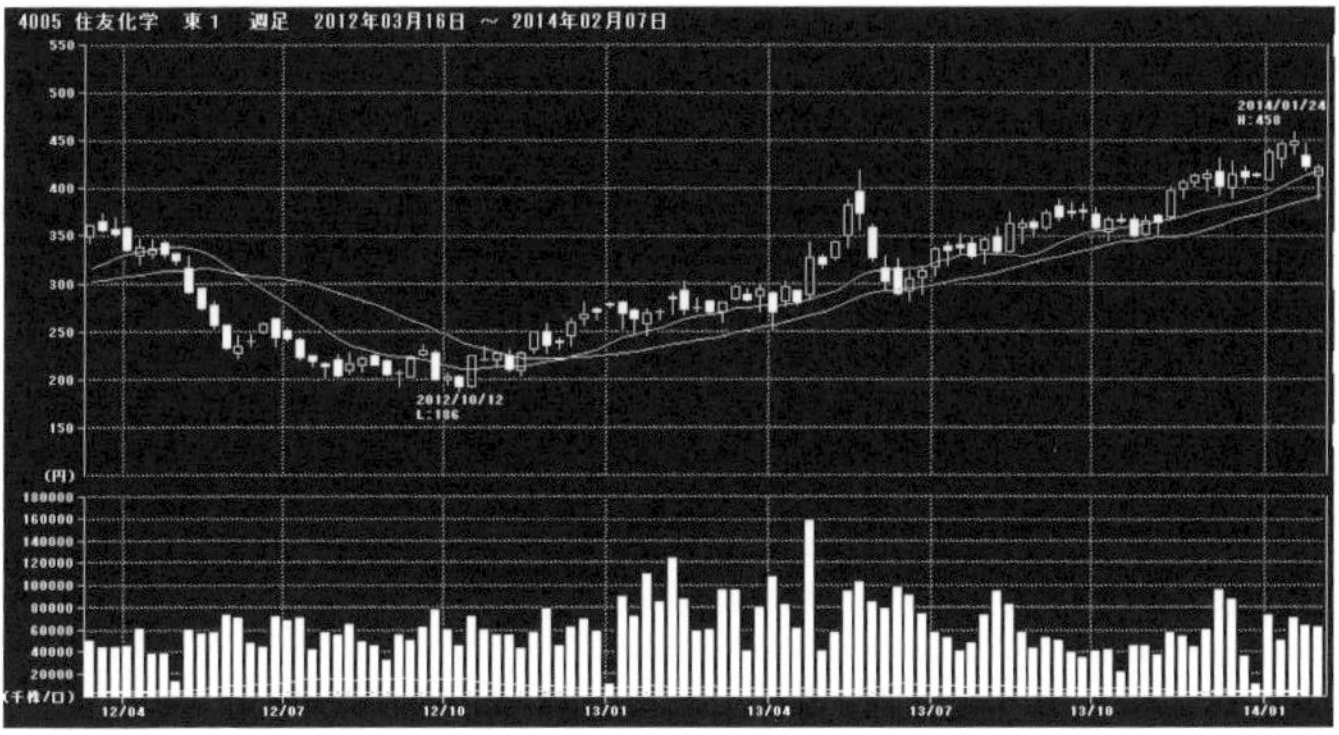

16 日本板硝子（5202）

住友系の自動車用ガラス大手。2000年8月に1998円という高値を付けており、その部分だけ突出してしまっているので、分かりやすいように2002年以降のチャートを示した。

この日本板硝子、ご覧のとおり明確な振動を描いているわけではない。しかし、2006年から2007年にかけて父が何度も利食いしていた得意銘柄であった。500円ほどで買って、700円ほどで売ることを何度か繰り返していた。その後、リーマン・ショックと、英ピルキントン社の買収が重荷になって株価は低迷している。しかし、業績は改善方向にあり、現在の赤字から、2015年度には黒字化を計画している。株価も底を打ったと思われるし、今後上昇が期待される。

私は平均取得単価150円で5000株保有している。大化けすることを狙って何年でも保有しているつもりだ。

【オススメ度】★★★

日本板硝子　月足

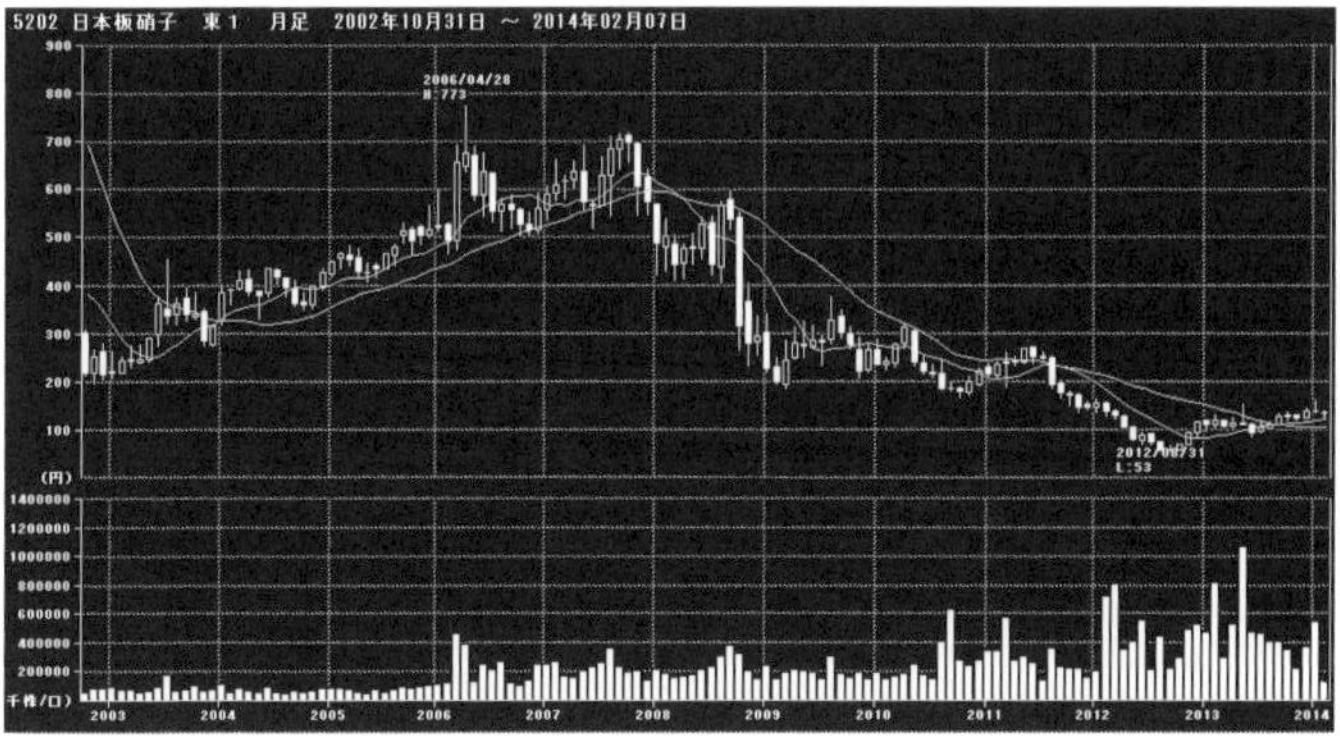

日本板硝子　週足

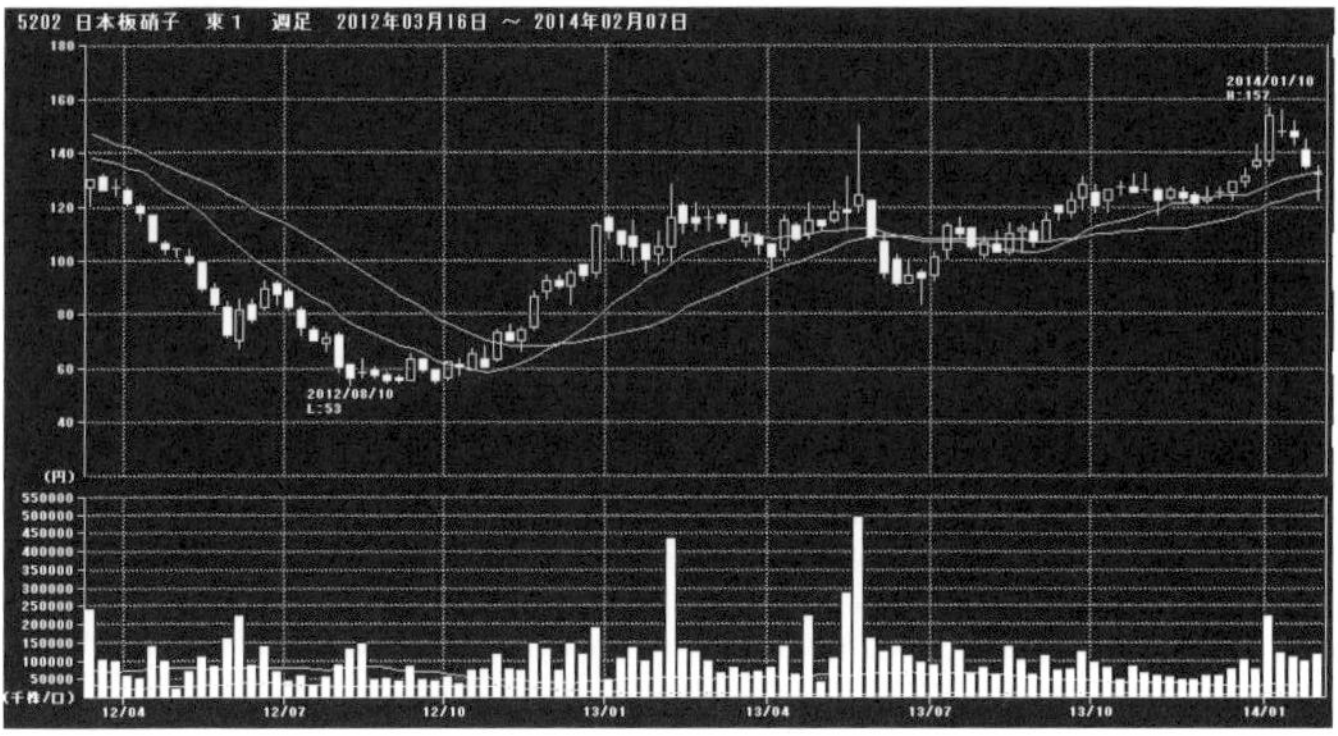

【売買の目安】

ややリスクのある株ではあるが、今の130円台で買っておいて損はないと思う。最悪期は脱しているのでこれ以上大きく下げるとは思えない。私は最低300円、できれば500円程度まで持っていたいと思っている。

17 J.フロントリテイリング（3086）

【オススメ度】★★★

かつての大丸と松坂屋ホールディングスが合併し、2007年9月に設立・上場された比較的新しい会社。大丸株は昔から父のお気に入りの銘柄でよく売買していたのは覚えているが、当時のチャートが入手できないのが残念だ（高島屋ではなくなぜ大丸なのかは本人亡き今となっては聞くすべもない）。

言うまでもなく百貨店株であるから、民主党政権時代の不景気のときには安値を付けていた。これだけの優良企業が300円台で低迷していたとは信じられないほどだ。私はぜひ買いたかったのだが、もはや資金が尽きていた。その後アベノミクス景気で百貨店の売上が急増。つられる形で株価も上がった。

J.フロントリテイリング　月足

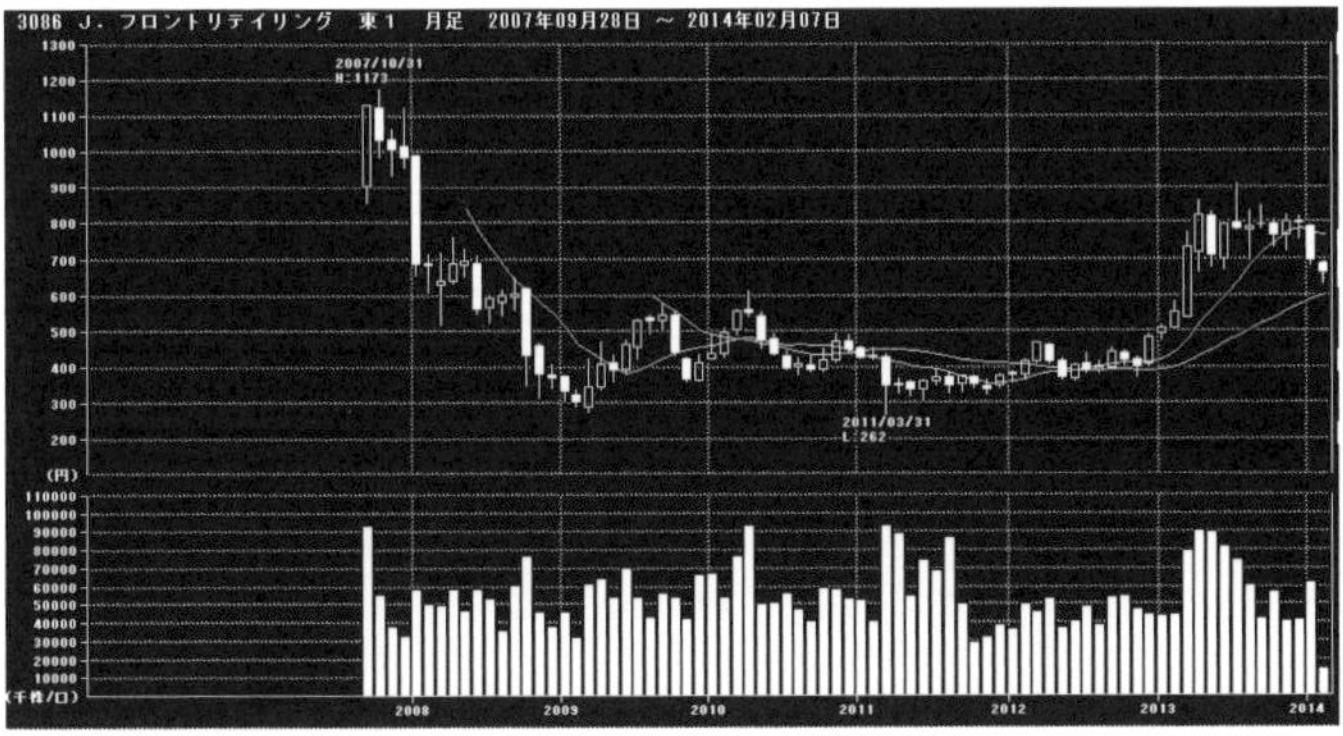

J.フロントリテイリング　週足

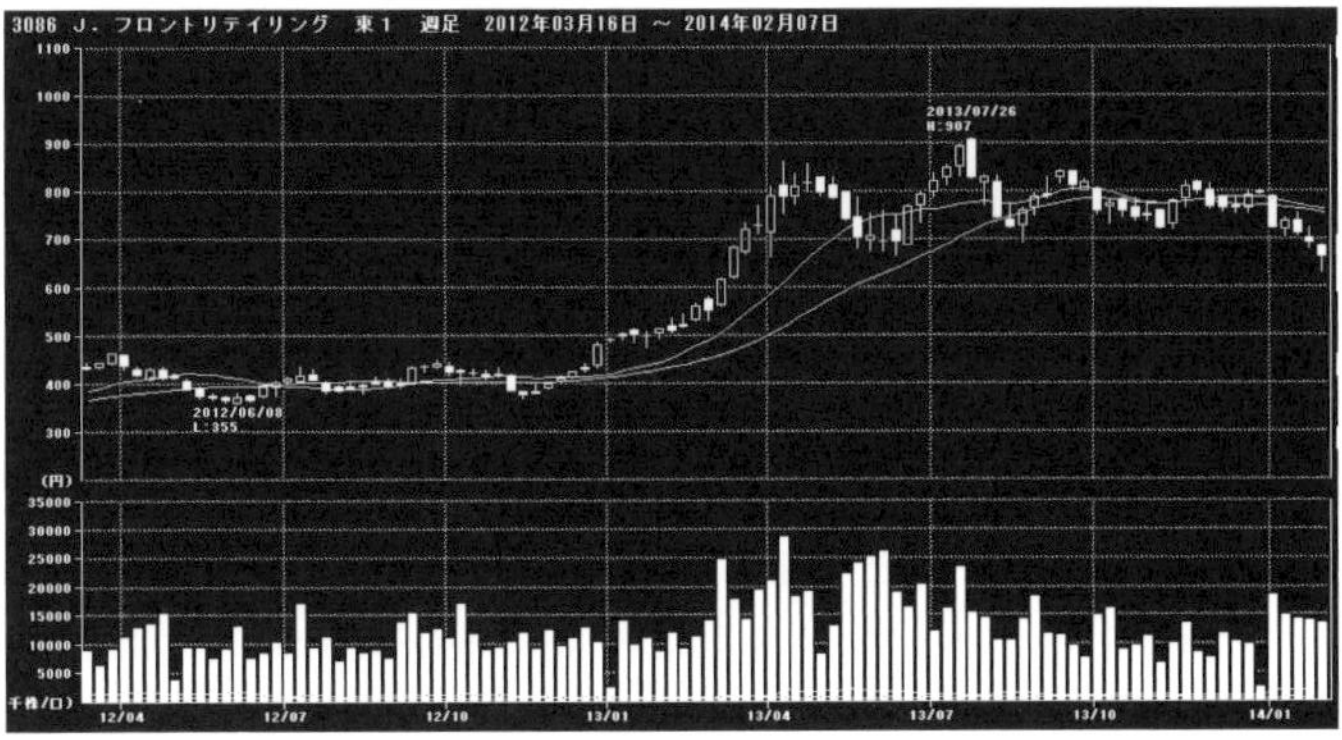

【売買の目安】

900円を超えた一時期よりは下げたとはいえ、まだまだ高値水準。550円まで待ちたい。景気はどう振れるか分からないので、650円で確実に利確しておくことを勧める。

以上17銘柄について解説してきたが、特に買値について、「こんなに安くなるまで買えないのか」と思われた方もおられるかもしれない。しかし、第3章で述べたことをもう一度思い返してほしい。現在日経平均はやや下げてきているものの、まだまだ市場に「絶望感」が広がっているという状況ではない。現在の日経平均1万4000円〜1万5000円という値段は、まさに「売るには安く、買うには高い」という中途半端な値段である。繰り返しになるが、買うべき時は、「誰もが見放した時」、「誰もが『もうダメだ』と思った時」である。そのような状況になるまで静かに、気長に待つ気持ちが大切だ。本章で示した具体的な買値・売値を知った上で前章までを読み返していただくと、より実感として内容の理解を深めていただくことができると思う。

第7章

周囲の情報に惑わされるな！

～巷の情報はインチキだらけ～

1 株式情報サイトは見るな

●有料会員になってはみたが……

「株式情報誌をいくら見ても無駄」というのは第1章で書いたとおりだが、インターネット上の「株式情報サイト」に関しても同じことが言える。今の時代、様々なサイトがあり、「本サイトでは今後急騰が予想される銘柄を紹介します」的なものが多い。あるいは、ネット上で株の教室のようなものを開いているところもある。インターネット上には特に最近非常に頻繁にこういったサイトの広告が目に付くため、皆さんの中にも「どういう内容なのだろうか」「入会してみようかな」と思われた方もおられるのではないだろうか。

しかし、こういったところはまずインチキと思ってよい。

私の経験を基に書いてみよう。私も実は以前、某有名インターネット・サイトを熱心に見ていた。無料でもある程度の情報は入手できるのだが、月額約8000円の会費を払えば極秘情報をお送りします、というようなことが書かれていた。月額8000円は高いと思い、無料のページばかり読んでいたのだが、それでもけっこうな量の情報が発信されていた。毎日「推奨銘柄」を紹介したり、株の取引にあたっての心得を紹介したり。有名サイトであるからこちらも最初は信じていて、「推奨銘柄」はその日のうちとは言わずとも、これからどんどん上がっていく銘柄だとばかり思っていた。

しかし実際には全くそんなことはなかった。それらの銘柄はすべて株価が上昇基調にあるものだったのだが（東証1800銘柄から毎日よくそれだけ探してくるな、ということには感心するが）、そういった銘柄をチャートとともに見せられると確かに妙に説得力がある。「これからももっと上がりそうだな」という気になるのだ。しかしその銘柄のその後の値動きを見てみると、ほとんどの銘柄が下げに転じていた。今思えば、やはり「順張り」は絶対によくないのだ。ほぼ100%、「高値摑み」に終わると思ってよい。

それはともかく、無料のページでは飽きたらなくなり、ついに月額8000円の会員になってしまった。無料会員時より多くの「推奨銘柄」を参照できるようになり、「これはもしかして仕手株の情報なのではないか」などと興奮したものだ。当時は私も純粋なもので、その日、場が開く前に発表になる「本日の注目株」のようなものを買い、パソコンの前に張り付いて株が急騰するのを待っていた。ところが何の事はない、特段の動きは全くなく、それどころかむしろ下がるくらいで、やむなく損切りして、一日5000円などと損をしていた。

「株の心得」のようなものも、より詳細（というか長いだけ）なものがメールで送られてくるようになり、「それをきちんと読めば株で勝てるようになるのでは」という期待から、紙に印刷までして熱心に読み込んだものだ。

しかし、全く勝てるようにはならず、結局4カ月ほどで有料会員を退会した。

●あおりネタに乗せられてはいけない

それからこれは、私が会員になったわけではなく、ネット上で広告を見ただけなのだが、次のようなことを言っていたサイトもあった。「損をする投資家というのは上がる時でも下がる時でも常に売買している。勝つ投資家は株価が急騰する瞬間を見極めて、そのときに『買い』を入れる」と。

これまた実にいい加減なというか、デタラメなことを言っていると思った。その講師はチャートを見せながら、「この瞬間が買いだ」と、陽線の根元を指して話していたが、陽線が出たというのは後になってから初めて分かることであって、その瞬間は、次に上がるのか下がるのか分からない。くどいようだが株の値動きの予測は不可能である。これなど、インチキサイトの典型と言えるだろう。

だいたいからして、その手のサイトというのは、勇ましい言葉を綴ったり、景気のいい言葉を並べているだけで、全くもって何の根拠もあるものではない。

相手はその道のプロであるからあの手この手で何とか会員を確保しようと躍起になっている。しかし、決して口車に乗せられてはいけない。最近では「○年で○億円の資産を築いた」などという人が講師になっているサイトもあるようだが、決してだまされないようにしてほしい。

あと、追記しておくと、大衆週刊誌のあおりネタも完全に無視してほしい。新聞広告などを見ていると、昨年は「日経平均、この夏は2万円の攻防へ」などと書かれていたが、言うまでもなく大ハズレ。さらに最近は「アベノミクス崩壊、日経平均暴落へ」などと書かれているのも見たことがある。サイトにしろ、雑誌にしろ、人目を引くためにか「暴落」という言葉を使うのが好きなようだ。

だいたいからして、株式サイトの広告にせよ週刊誌せよ、株が上がってくると「もっと上がる」と言い、下がってくると「もっと下がる」と言う。

株式情報サイトにしろ、週刊誌にしろ、不安や期待をあおり立て、何とか買わせようとする。そのような「雑音」は完全に無視してほしい。

2 証券アナリストの言うことは話半分に聞け

●なぜ、上がったか、下がったかの分析はさすがだが……

株の世界では「アナリスト」という職業がある。もちろん皆さんもテレビ等でご覧になっているだろう。株価が急落したり、逆に急騰したりしたときにはたいていニュースで「なぜこんなことが起こったのか」とか、「今後株価はどうなるのか」といったことについて解説している。その都度、一喜一憂されている方もおられるのではないだろうか。もしくは、「アナリストの言うことをちゃんと理解できていなくては株で儲けることはできない」など。

しかし私に言わせれば、アナリストの言うことというのは話半分程度に聞くくらいでちょうどよい。確かに非常によく市場について調べているし、いろいろな銘柄についてもその日の値動きをよく見ているな、と感心させられることは多い。そこはさすがプロだな、と思う。特にその日の株価の動きについて、（あくまで場が終わってからである）どういう要因で上げたのだとか下げたのだとか、とりわけ後解釈はさすがよくリサーチしているな、と思う。

しかし、未来の株価の予測となると全く話は別である。何度も書いているとおり、株価の動きというのは誰にも予測できるものではない。

一例を挙げると、私は毎日「株式ニュース」をテレビで見ているが、2013年5月に一日で1000円急落して以降、とあるアナリストが「今後日経平均は、上がっても1万4500円程度だろう」と言っていたのを覚えている。しかし実際にはその年の11月に1万6000円を超えている。

他にも、別のアナリストが今年の始めに「2014年の株価予想」として、ボードに曲線を書いて、「3月までは上がり続け、その後4月の消費増税でいったん下がり、その後また上げていく」と言っていたが、すでに皆さんご存知のとおり、これまでのところこの予想は外れている。

また、毎年正月の新聞で数人のアナリストが「今年の株価予想」というのを発表している。その年の日経平均の最安値と最高値を予測している記事であるが、これまで当たったためしがない。リーマン・ショックなど誰も予想していなかったし、昨年アベノミクスによって株価が倍以上になることなど、誰も予想していなかった。

このように、いくら株のことを隅から隅まで調べ、日本経済や世界情勢に詳しいプロであっても、株価の予測ばかりはできないのだ。もしアナリストが株価の予測ができるのなら、アナリストはボロ儲け、超人気職業になるに違いない。しかし実際にはそういうわけではない。

●「目標株価」は証券会社の社員のため？

他にも、証券会社はよく、銘柄ごとに「目標株価」というのを発表する。今後6カ月なり12カ月なりに、「この銘柄はこの値段になるだろう」という予測であるが、これまた実にいい加減なものである。

どういう根拠で目標株価を設定しているのかは正直言って私は知らない。おそらく基本的にはファンダメンタル分析や受注状況等が基になっているのだとは思うが、たまに当たることはあるものの、外れることも非常に多い。統計を取っているわけではないが、体感的には五分五分くらいの確度だろうか。

むしろ私は、「株価が上がってきたら目標株価も上げ、下がってくると目標株価も下げる」というイメージを持っている。そのたび、「勝手なものだな」と思ってしまう。証券会社という職業柄、顧客から「この株はいくらくらいまで上がりますか？」という質問にまるで答えられないようではマズイので、このようなものを作っているのではないかと思ってしまう。

ただ、例えば目標株価を高めに設定すると、そのことを材料に市場が反応し、株価が上昇する、ということはよくある。そういう意味では有り難く思うときもある。

何も私はアナリストに恨みを持っているわけでも何でもないし、中傷するつもりは全くないのだが、アナリストの言うことをあまり真に受ける必要はない、ということだ。

3 テクニカル指標はアテにならない

株の売買の一つの指標として、テクニカル指標がある。過去の一定期間のデータを基に、数学的な計算を行って売買のタイミングを示すものである。

これを基にした書籍や、あるいはネット上での講義というのは非常に多い。しかし、これらはすべて「後解釈」に過ぎず、未来を予想できるものでは決してない。私自身、さんざんテクニカル指標を勉強し、それを基に売買を試みたがことごとく失敗に終わった。

何かで読んだのだが、これらは数十年前にアメリカの証券会社が顧客獲得のために当時の数学者に依頼して作らせたものらしい。

本節では、いかにテクニカル分析が非力なものなのか、実例を挙げて説明する。

●ボリンジャーバンド

ボリンジャーバンドとは、一言で言えば「株価は一定の確率で、ある曲線内に収まる」というものである。この曲線のことを「ボリンジャーバンド」と言う。具体的には、図の上の線（＋2σという）と下の線（－2σという）の間に株価が収まる確率が95・5％となる。

この「－2σ」を下回ったところで「買い」、「＋2σ」を上回ったところで「売り」というのが売買目安となっている。ボリンジャーバンドをはみ出る確率が「4・5％」というととても少なく思われるが、実際には意外と頻繁に現れる。

まず、「買いタイミング」がつかめない例

ボリンジャーバンドとは

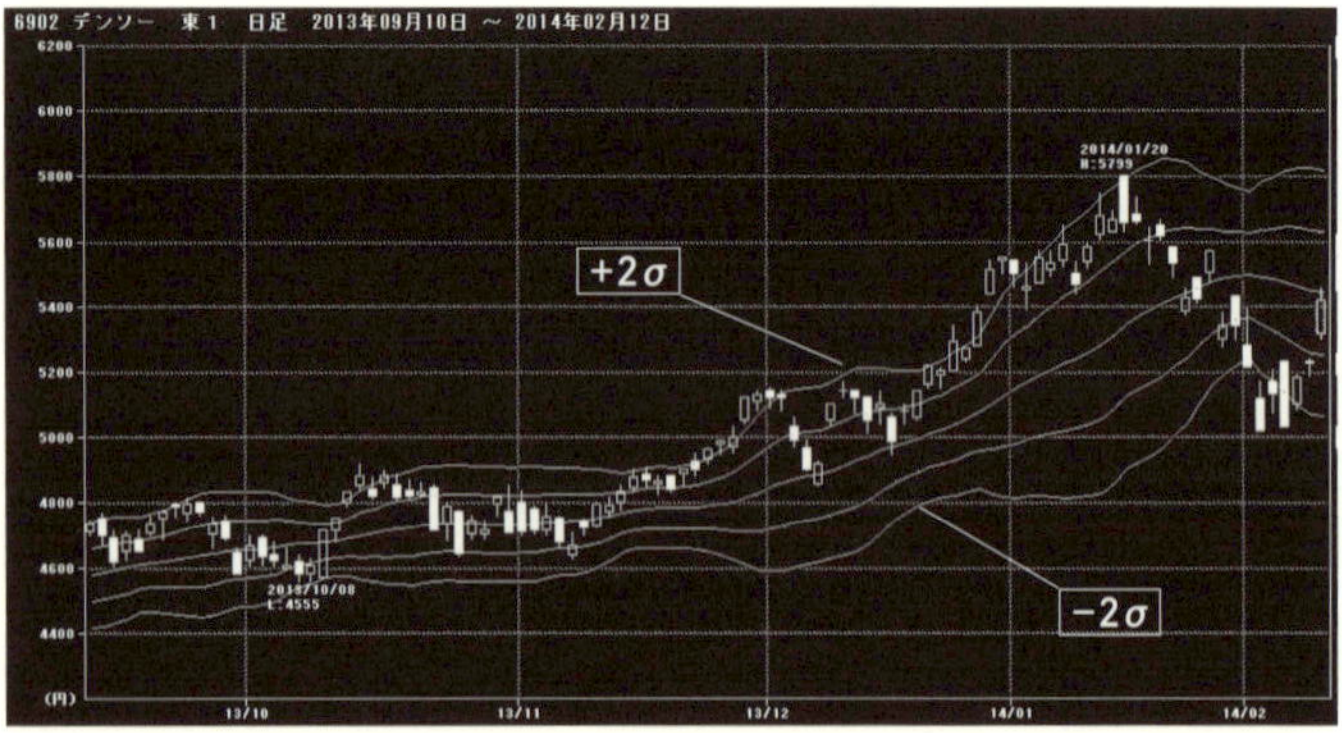

を示そう。

まずは「三菱製鋼」から。

図で白く囲んだところを見ていただきたい。「－2σ」線に沿って株価が下落しているのが分かる。

理屈では「①」のタイミングで買いを入れるべきなのに、その後株価は「－2σ」線に沿って下落、「②」まで下げてようやく反発している。この間、どこで買いを入ればよいのか全く不明である。また、仮に「①」の時点で買ったとしても利益はほとんど出ていない。

ボリンジャーバンドが役に立たない例 ①

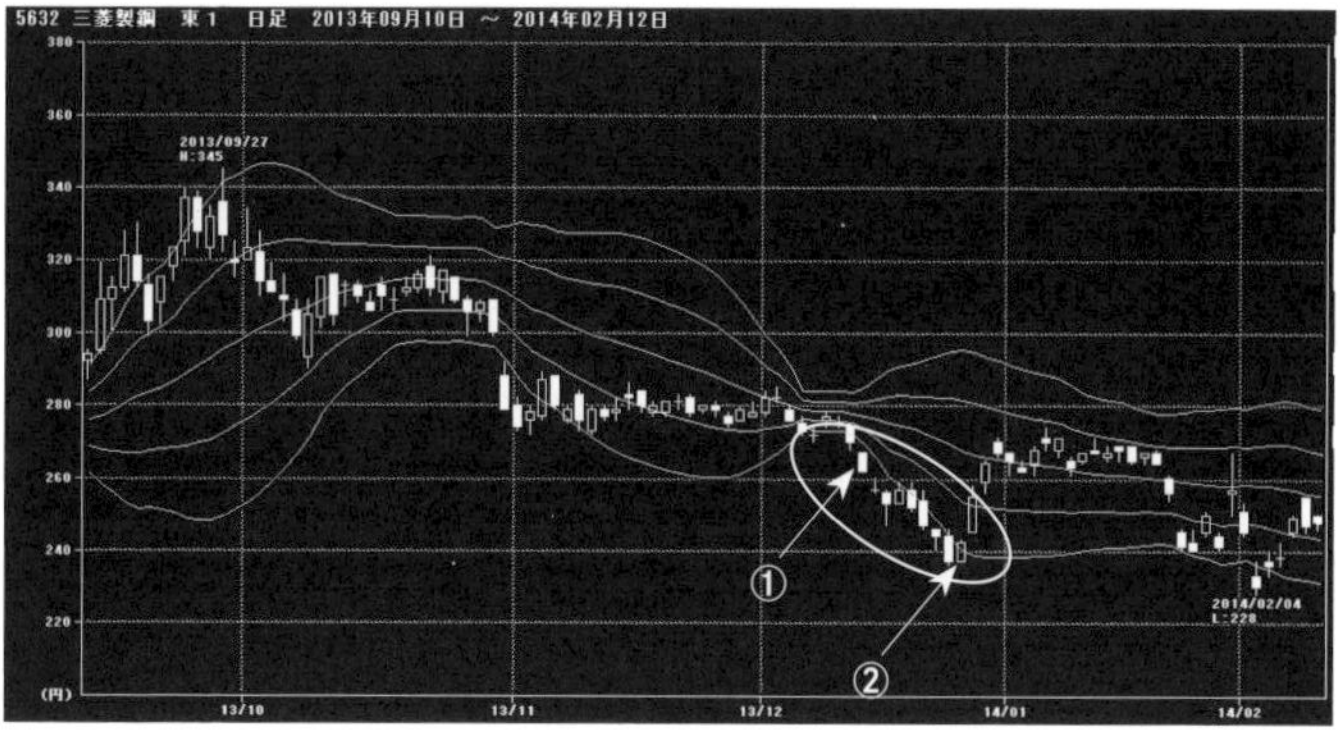

もう一つ、「ノーリツ」の例を示しておこう。

こちらも、「−2σ」を下回った「③」の時点で買いを入れればよいはずが、翌日いったんは反発したもののその後下落が続き、結局「④」のところまで下げている。「③」の時点で買ったとしても（翌日に売っていれば別だが）全く儲けは出ていない。

このように、**「−2σ」の線に沿って下げていくというのは非常によく現れるパターンなのだ。**

「売り」のタイミングがつかめないのも同様である。

「パナソニック」の例で示す。

理屈では「＋2σ」を大きく上回った

ボリンジャーバンドが役に立たない例 ②

「⑤」の時点で売ればよいはずだが、実際には調整をはさみつつ「＋２σ」の線に沿う形で上昇し、「⑥」の時点まで値を上げている。

「⑤」の時点で売ってしまっては、実際には得られるべき利益を逃してしまっていることが分かる。

ボリンジャーバンドが実際にはいかに役に立たないか、参考にならないかがご理解いただけたことと思う。

●ＭＡＣＤ

ＭＡＣＤは最も有効と思われているテクニカル指標の一つではないだろうか。私も当初「これは使える」と感じていた。ネット上でのアナリストの解説も、このＭＡＣ

ボリンジャーバンドが役に立たない例 ③

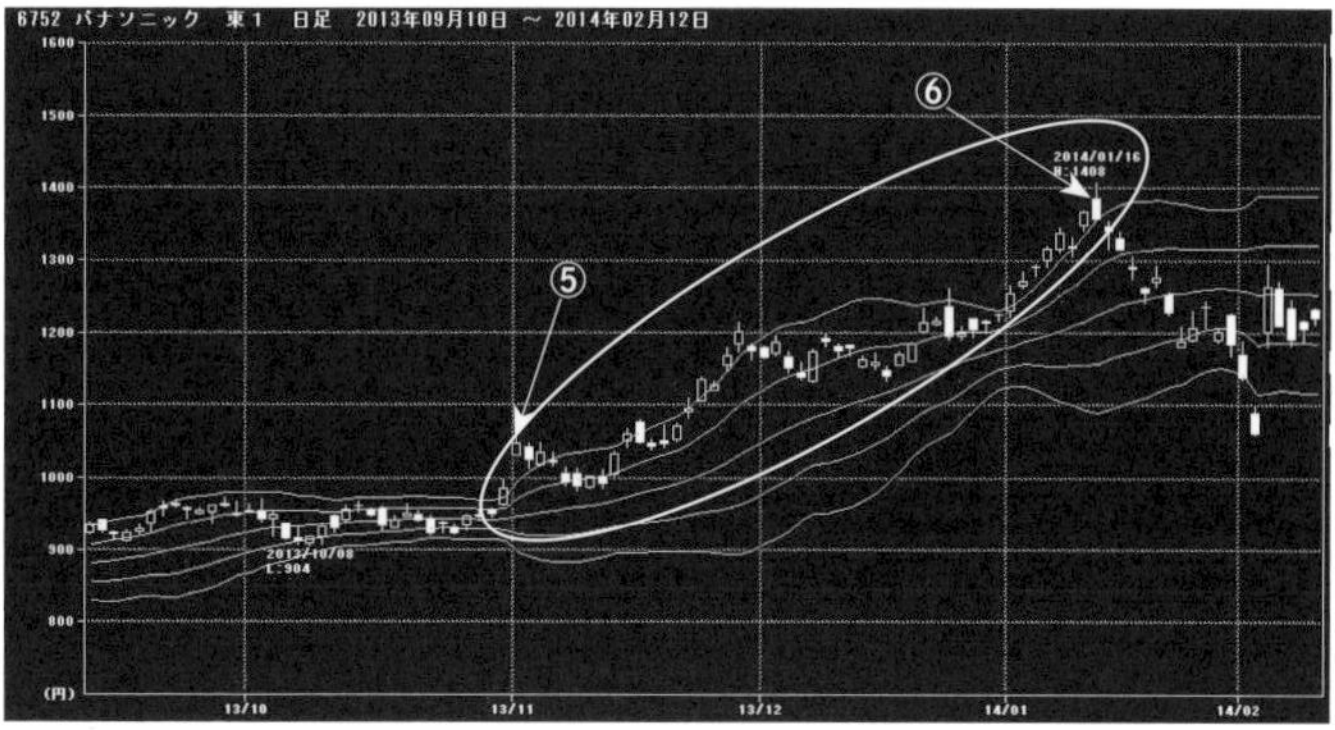

Dを用いたものが多く見受けられる。しかし私の場合はこれもことごとく失敗に終わった。

まずはMACDとはどういうものか簡単に説明する。「大日本スクリーン」を例に取る。

図の、「MACD」と呼ばれる曲線が、「シグナル」と呼ばれる曲線を下から上に突き抜けたときが「買い」のタイミング、逆に「MACD」が「シグナル」を上から下に突き抜けたときが「売り」のタイミングとされる。

これを見ると、「バッチリ当たっているじゃないか!」と思われる方もおられるかもしれないが、ちょうどよい資料を持ってきたに過ぎない。

MACDとは

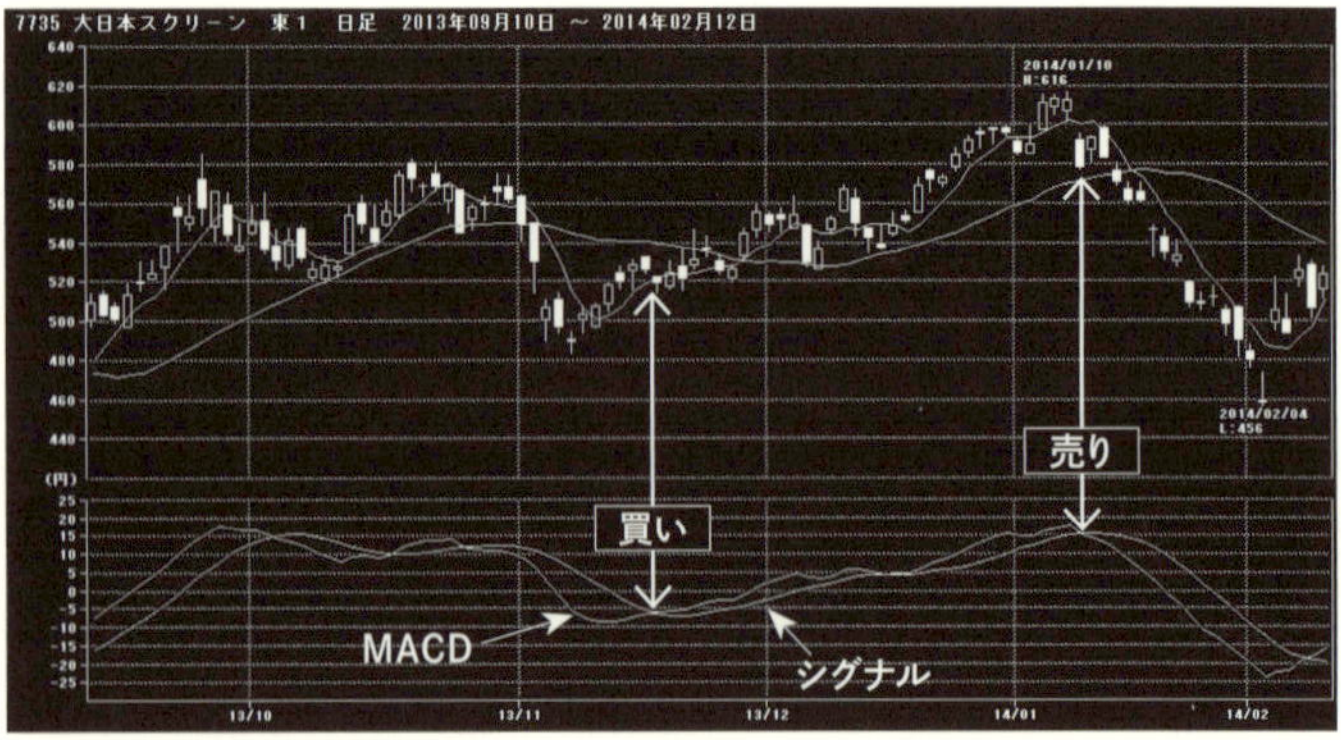

次の例はいかがだろうか。「中国電力」の例を見てみよう。

先ほどと同じように「買い」タイミングと「売り」タイミングを示してみたが、値動きが小さすぎてほとんど利益が出ていない。次に「グンゼ」の例を見る（次ページ図参照）。

こちらの場合も「中国電力」同様、値動きが小さすぎてやはり利益は出ていない。「ＭＡＣＤ」が有効に感じられるのは、**結果として**値動きが大きかった銘柄を、後になって見て「あの時買っておけばよかった」あるいは「あの時が売り時だった」と判断するからそう感じるのであって、「買いシグナル」が付いた時点では、「大日本スクリ

MACDが役に立たない例 ①

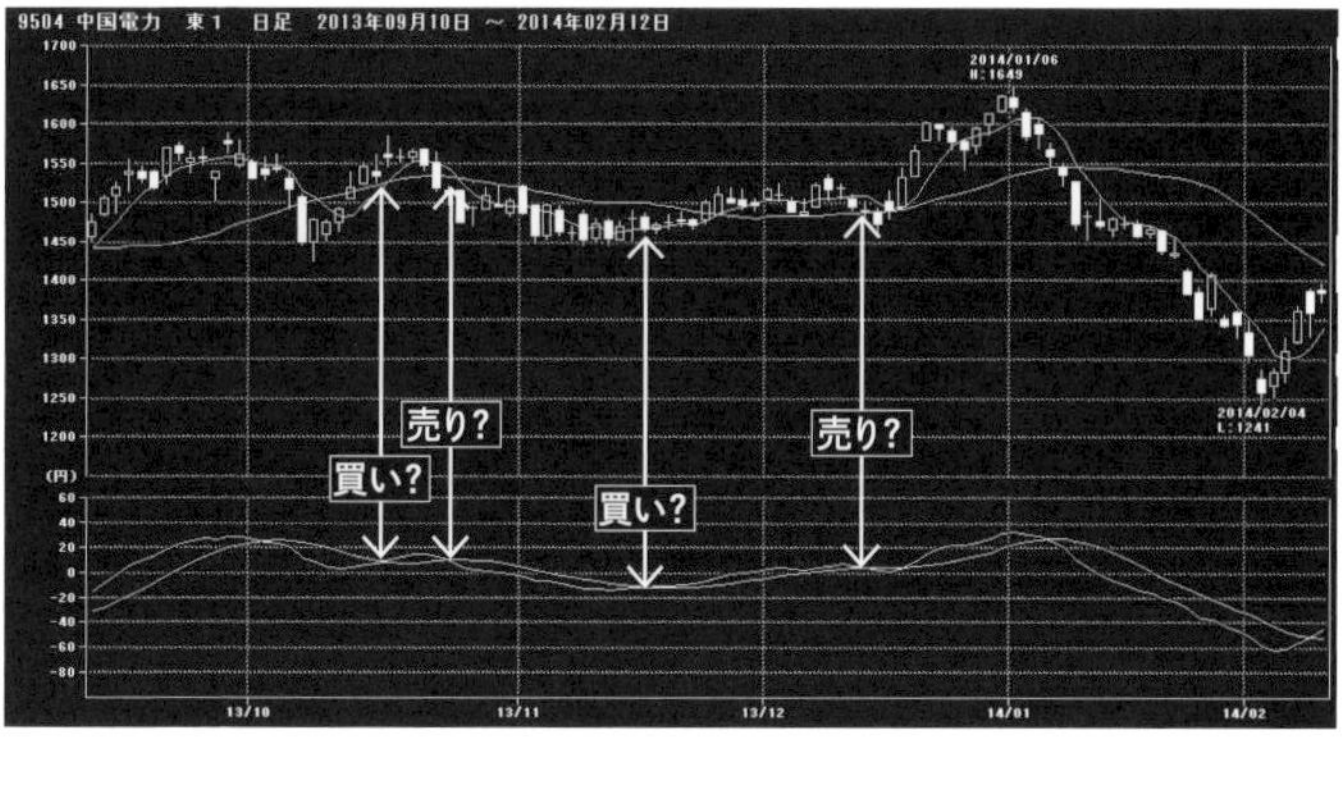

ーン」のようにそのまま上昇基調になるのか、それとも「中国電力」や「グンゼ」のようにまた押し戻されるかは決して分からないのである。

「スクリーニング」によってＭＡＣＤの「買いシグナル」が付いたときに自動的に知らせる設定をしていても、もちろん事情は同じである。

以上で、ＭＡＣＤがいかに使いものにならないかがご理解いただけたと思う。

●ＲＳＩ

ＲＳＩもまた、有効性が疑われるテクニカル指標である。

一般には、ＲＳＩ曲線が20から30％を下

MACDが役に立たない例 ②

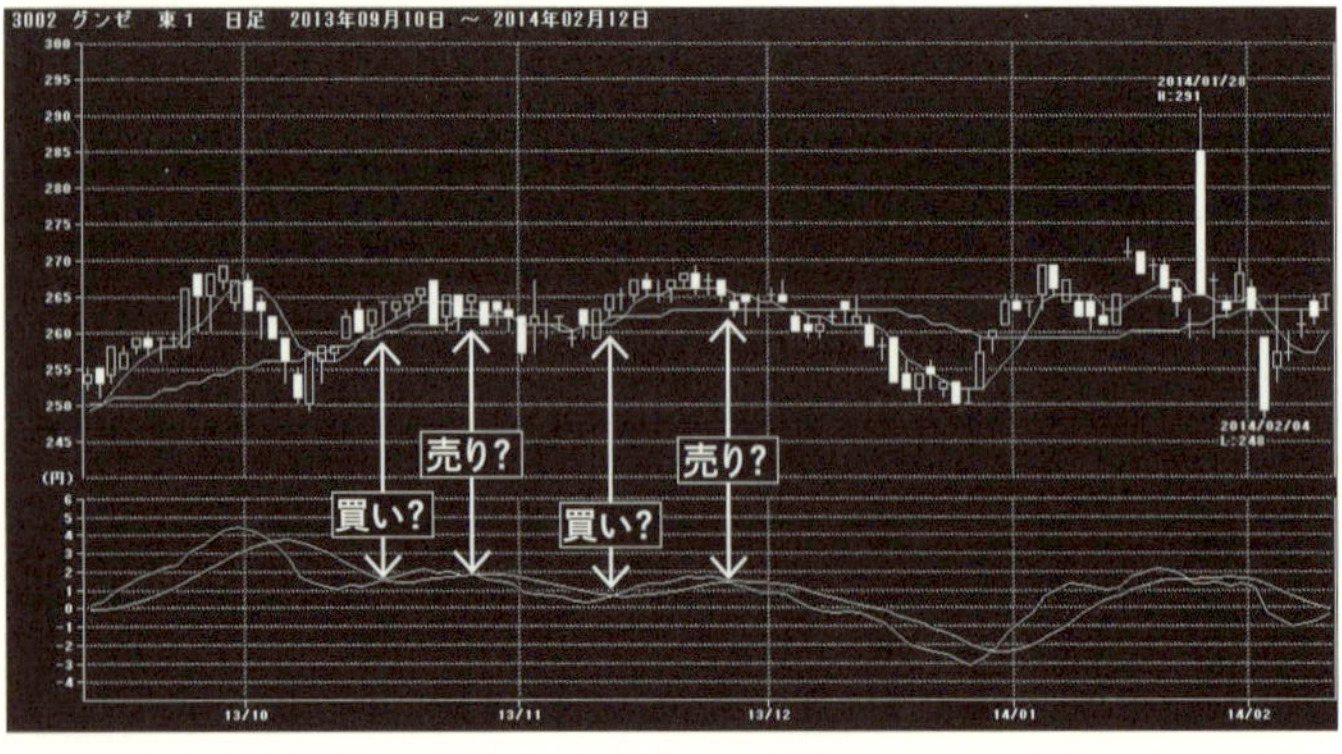

回ったら「買い」、70%から80%を上回ったら「売り」とされている。ここでは30%を下回ったときに買い、70%を上回ったら売るとしてチャートを見てみよう。

まずは「富士通」から。

図のとおり、だいたい３７０円付近で「買い」サインが出て、３９０円付近で「売り」サインが出ているが、利幅はわずか20円である。その後株価は上昇を続けており、売りが早すぎたことが分かる。

よく「ＲＳＩは急騰・急落する場面では不向き」と言われるが、この程度では「急騰」とは言えない。

尚、この例では「過去のデータの期間」を「9日」に設定してみたが、「14日」に設定すると次ページの図のようになる。

富士通でRSIの「期間」が9日の場合

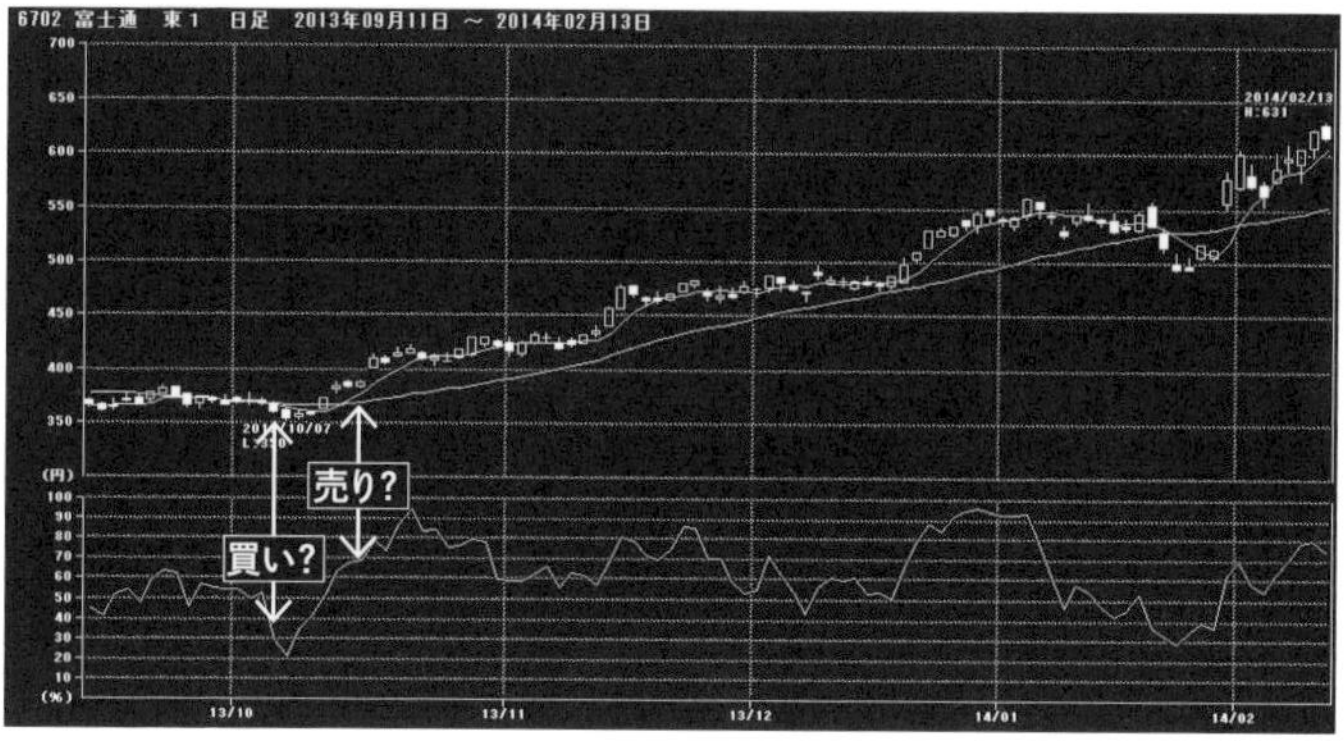

富士通で300円台は割安水準にあるにもかかわらず（ぎりぎりではあるが）30％を下回ることなく、買い時を逃してしまっている。

次に「住友電工」の例を見てみる。

こちらもご覧のとおり、利幅はごくわずかなものに過ぎず、やはりその後株価は上昇を続けており、売りが早すぎたことが分かる。「期間」を「14日」に設定すると次ページの下図のようになる。

こちらも安値圏では全く「買い」サインは出ず、一時急落した時に30％を割り込んで「買い」サインは出ているものの、全体的に見ればまだまだ高値圏である。より安かった1300円台で「買い」サインが出

富士通でRSIの「期間」が14日の場合

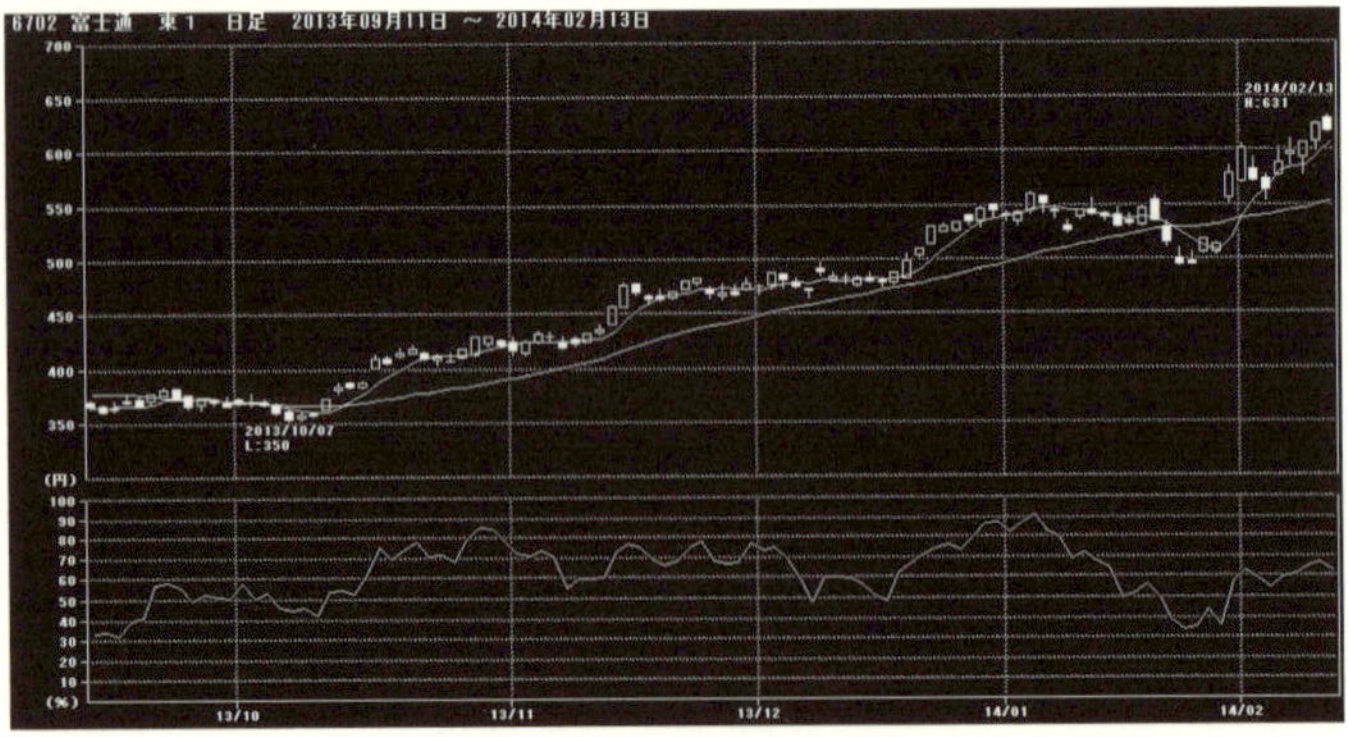

住友電工でRSIの「期間」が9日の場合

住友電工でRSIの「期間」が14日の場合

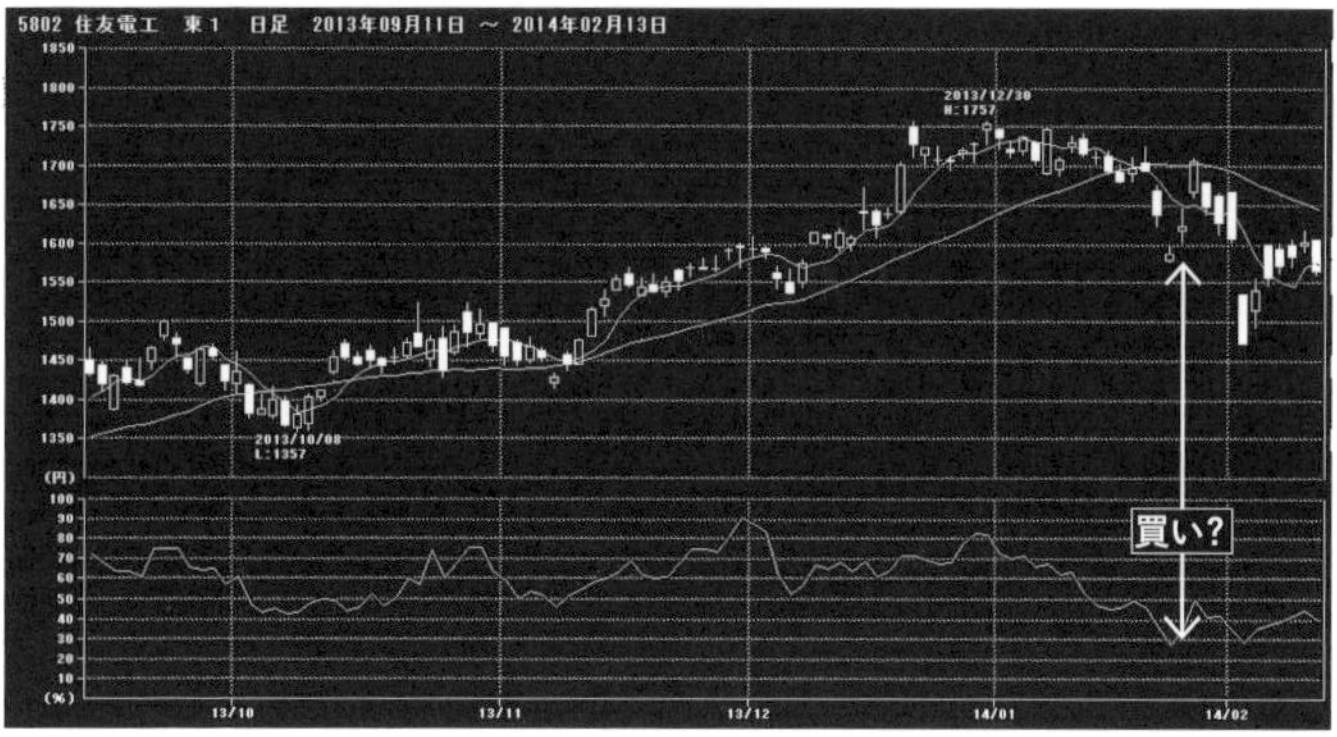

ず、1600円近くで「買い」サインが出ているようでは指標としてダメである。

以上、一般によく知られた3つのテクニカル指標について、実例を示し、その弱点について示した。テクニカル指標は他にも多数あるが、これだけ示せば充分だと思うし、私自身調べてもいない。くどいようだが、「テクニカル指標で未来を予測できるものではない」のである。

読者の方の中には、「テクニカル指標にとって都合の悪いデータを持ってきただけじゃないか」と思われるかもしれないが、それは誤りである。論理学的に考えて、一例でもそういった例、つまりテクニカル指標が有効でない例（反証）を示せば充分なのである。なぜなら、たとえ仮に実際の取引で売買タイミング発生の場面に出くわした場合、一例でも例外が過去にあった以上、その売買指示が有効なのか無効なのか、その時点では判断できないからである。

「損切りルールを作ればいいではないか」と思われる方もおられるかもしれないが、そのような別ルールを設定しなければならない時点でテクニカル分析は破綻している。

ところで、これはテクニカル指標とは言えないが、私は「移動平均線」に関してはある程度参考にしている（「移動平均乖離率」ではない）。特に週足だ。

上昇基調のときに調整が入って一時的に下落したときでも、26週移動平均線を大きく下回らなかったり、たとえ下回っても長い下ヒゲが出れば「まだ力強さがあるな」と感じるし、26週移動平均線を大きく割り込んでくると「しばらく下げ相場に入るな」と判断する。株価の情報としてはローソク足がすべてなので、この感覚はあながち間違ってはいないと思う。

皆さんには、テクニカル指標を用いた書籍やネット講義には手を出さないようにしてほしい。難しい数式が並ぶばかりで、結局は徒労に終わるのだから。

第8章

必ず押さえておきたい投資心得

～株と上手に付き合っていくために～

1 信用取引には絶対手を出すな

●中には、信用取引がもとで自ら命を絶った人も

私は信用取引（いわゆる「カラ売り」「カラ買い」）は一切行っていない。現物取引のみである。理由は簡単で、危険すぎるからである。

私が開いている証券会社のホームページでも、盛んに「信用取引口座の開設はこちら」と誘導したり、頻繁に「信用取引口座開設で○○○ポイントプレゼント！」などとメールが来たりして、なんとか信用取引をさせようとさせたがっているように思われる。

世の中の本にも、「信用取引で儲けよう」だとか、「信用取引は一般に思われているほど危険ではない」などと書かれている本が多く、驚きすら覚える。むしろ、「信用取引はしてはならない」と書いてある本を私は見たことがない。株の本を書いている人は証券会社とツテのある人が多いから、そういった内容は書きにくいのだろうか、とすら勘ぐってしまう。

私の知っている、自営業を営んでいる人で、**信用取引で失敗して自ら命を絶った人がいる。**それくらい危険なものなのだ。

では具体的にどの程度危険なものなのか、概要を見てみよう。

信用取引には「信用買い」と「信用売り」がある。「信用買い」は証券会社からお金を融資してもらって株券を買い、株価が上がったところでその融資額を返すもの（もちろん株価が下がっていれば損失になる）。「信用売り」は証券会社から株券を借りて株を売り、株価が下がったところで買い戻し、その株券を返すもの（こちらも株価が上がっていれば損失となる）。

早速注意していただきたいことは、**信用取引の期限は6カ月**ということだ。6カ月など、長いようであっという間に来てしまう。

ところで融資してもらうからには当然担保が必要になるが、それは証券会社に預けてある現金であったり証券であったりする。それを「委託保証金」と呼ぶ。最大でその委託保証金の約3倍の取引が可能になる、というのが一応の信用取引の魅力ということになっている。

以下、話を簡単にするために「信用買い」について書く。実際の手持ちの現金の3倍の株を買えるというと非常に上手い話のように聞こえるが、信用取引で**最も恐ろしいのは**

「追証（追加証拠金）」である。追証の説明をするために、「委託保証金最低維持率」というのを説明する必要があるが、これは、信用取引している金額に対して、最低でもこれだけは維持しなければならないという保証金の割合のこと。これは、証券会社によって異なり、委託保証金をもとに買った株式（これを一般には「建て玉」と呼ぶ）の金額の20％から30％に設定されている。

ここでは最低維持率を30％として話を進めよう。例えば33万円の委託保証金で100万円の株を買ったとする。30％であるから、委託保証金は30万円を維持しなければならないのだが、例えばその後株価の値下がりで4万円の損失が出たとする。その場合、委託保証金は29万円となり（損失を委託保証金から引くことに注意）、

29÷100＝29％

で、わずか4万円の損失が出ただけで1万円の追証が必要となる。

これは限度額の目一杯まで株を買ったためあっさりと最低維持率を下回ったが、意外と簡単に追証が発生するのがお分かりいただけただろうか。

もちろん、建て玉を小さくすればその分追証が発生するのは遅くなるが、意外と早く発

生することに変わりはない。しかし絶対に忘れてはならないのは、たとえ追証を支払って最低維持率を維持したとしても、再び最低維持率を割り込む損失が発生したらその都度追証を支払わなければならない、ということである。つまり、追証は一度支払えばよいというものではないのだ。他でもない、**追証とは損の上塗り**である。

万一信用取引に手を出してしまい、追証が発生しても絶対に支払ってはならず、強制決済すべきである（支払わなければ証券会社によって自動的にそうなる）。

さらに、一般に信用買いより信用売りのほうが危険とされているが、まさにそのとおりである。信用買いの場合、いくら最大限損をしても、株価が0（ゼロ）になるま

追証とは

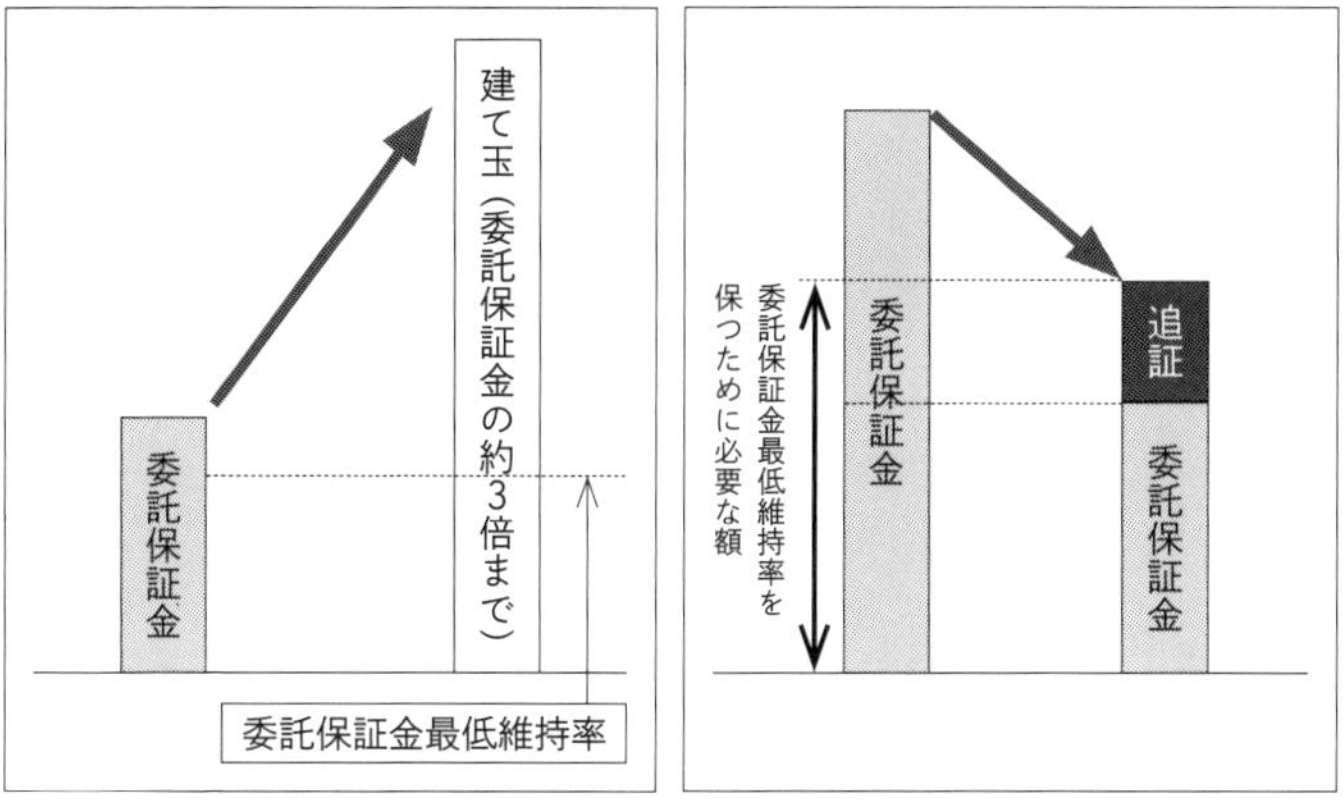

でであって、（もちろん大変な大損であるが）最大損失額というのは決まっている。しかし信用売りの場合、株価はどこまで上がるか分からない。損失はいくらでも拡大していく。私の持っている本には、「株価はいつまでも上昇するわけでもなく、常に上下するものだ。だから一概に信用売りのほうが危険だとは言えない」などと無茶苦茶なことが書いてあって、ただただ驚くばかりだ。

私の父は、「日本製鋼所（５６３１）」で信用売りに失敗し、６００万円の損失を出したことがある。百戦錬磨の父もこのときばかりは落ち込んだ（ちなみに「日本製鋼所」は有名な仕手株である。絶対に手を出してはならない）。

結果、私に言い残したことは「信用取引だけはやめておけ。みんなそれで失敗して家を売ったりしているのだから」だった。

皆さんは今住んでいる家を失ってもいいだろうか？　あるいは命を絶ってもいいだろうか？　いくら証券会社からの勧誘があろうとも、信用取引にだけは絶対に手を出してはならない。

2 証券会社の株式セミナーには出る必要なし

●「セミナー参加者＝ほとんど損」？

証券会社はときおり「株式セミナー」を開催する。昨年日経平均株価が大幅に上昇し始めたときにも盛んに新聞に広告が載っていた。たいていは無料だから、出席してみようかと思われた方もおられるのではないだろうか。

しかし結論から言うと、こういった類のセミナーには出る必要は全くない。いやむしろ私に言わせれば出ないほうが良いくらいだ。

概して、このようなセミナーというのは株価が上がってきたときに開催される。基本的に、**そのようなときに買っていてはすでに遅い。**もちろん証券会社も商売であるから、一人でも多く投資家を増やしたいという気持ちは分かるが。

題目を見ると、大体は前半は「証券口座の開き方」や「基本的な売買方法」といった内容から始まり、後半はアナリストを招いて「今後の株式市場の展望」といったテーマで講演会があったりする。私は一度もそういったセミナーに出たことはないので100％断言することはできないが、おおよそ見当はつく。まず、初心者的な内容というのは、書店で1

500円程度の本を買って読めば誰でも理解できる。わざわざ遠くまで出かける必要など全くない。

それに、アナリストによる「今後の展望」などといっても、言うことは決まっている。「今後も上がり続けるでしょう」しかないのだ。「下がる可能性もある」などと言われて誰が証券口座を開設しようと思うだろうか。

だいたいからして、毎度証券会社のセミナーは株が上昇基調にあるときに開催される。現に、リーマン・ショック以降、株価が1万円を割っていた頃にはそういった広告は見たことがなかった。そのようなときに開催する証券会社があればそれこそホンモノであり、良心的なのであるが、仮に開催したとしても出席者はほとんどいないだろう。

私はいつも、ニュースで「各社の株式セミナーが活況です」などとキャスターが報じ、多くの投資家がこぞって出席しているのを見ると、「この人達のほとんどが損をするのだろうな」と冷ややかな目で見ている。

ネット上で開催されるセミナーも同様だ。私も以前はネット上で証券会社がリアルタイムで配信するセミナーを必死になって見ていた。有名アナリストがテクニカル指標について説明して、「こういうときが買い時、売り時だ」ということを様々な銘柄のチャートを掲げて説明していた。そういうものをたくさん見て、理解すれば自分も儲けられるようになるのではないかと思ったのだが、実際には損失ばかり出していた。

今でも、リアルタイム配信でないにしてもネット上でアナリストによる多くの解説が掲載されているが、それらを読む必要は全くないし、現に私は全く信用していないので全く読んでいない。にもかかわらず、利益は着実に出している。

セミナーに出たり、アナリストの解説を読んで理解すれば勝てるようになる、という思い込みは一日も早く捨てることだ。

3 デイトレでは利益は出ない

●デイトレが通じたのは数年前まで

買ったその日のうちに売却し、僅かな時間に僅かな利幅で大きな利益を出すという「デイトレード」。一時一世を風靡したが、そのデイトレで利益が出せたのは、せいぜい2007年までだと思う。キッカケとなったのは2006年のいわゆる「新興市場ブーム」。当時は主にJASDAQ、東証マザーズ、ヘラクレスといった新興市場に上場した企業の株をめぐって激しいマネーゲームが起こった。

私はそのときに、数十万円を元手に数億円を稼ぎ出したという成功談をまとめた本が書店で目に止まり、それが株の世界に目覚めたきっかけだった。今から思えば自分でも信じられない話なのだが、その本を熟読し、ぜひ自分もこんな風にデイトレで億万長者になれれば、と夢見たものだ。

早速口座を開き、さあ儲けようと意気込んだものの、時すでに遅しであった。デイトレで儲ける時代など、終わっていたのである（「ライブドア・ショック」が原因であったのは言うまでもない）。

にもかかわらず、現在でも「デイトレで儲けよう」という本が出版されていることには驚く。証券会社の広告にも、「デイトレ手数料無料」などと謳って、顧客を獲得しようとしているところもあるくらいだ。

私が読んだ本には、要約するとおおよそ次のようなことが書かれていた。

- 徹底した「順張り」で高値を追いかけろ
- 損切りすることを徹底せよ
- 値上がり率上位銘柄を毎日チェックし、その銘柄を狙えちょうど本書で書いていることの逆のことばかりである。今から思えば本当に時代錯誤もいいところだ。

今でもデイトレで儲けたいと思っている方もおられるかもしれないので、それがいかに不可能なことかを書いておきたい。

まず当時は新興市場は大変なマネーゲームと化しており、全国のデイトレーダーが群がっていた。別の情報によれば、そのターゲットとなっていた銘柄のほとんどが、PERが100を超えていたという。先にも書いたが、PER100超えというのはマネーゲームが過熱している証拠だ。今ではそんな銘柄はないわけではないが極めて少ない。デイトレで成果が出し得ない理由の一つだ。

また、その本には「急騰している株は上昇のペースが速いため普通の指値注文では買えない。少し高めの値段で買うようにしよう」と書かれてあった。今でもごくまれにそのような超急騰をすることがあるが、本当にまれであって、お目にかかれる機会はまずないと思ってよい。

さらに、当時は「値上がり率ランキング上位にある銘柄を記憶しておこう。そういう銘柄はランキング上位の常連になるから、その株を狙うべき」ということが書かれてあった。当時は同じ銘柄が何日も連続でストップ高となることが多かったようだ。これもまた、現在の状況とは大きく異なる。値上がり率上位にランキングする銘柄のほとんどは次の日は反動で下げに転じることが多い。

●苦労ばかりで実りなし

以下は私自身の経験談になるが、株価ボードを一日中見ていても、その株が次の瞬間上がるのか下がるのか、どちらに転ぶかはさっぱり分からない。上がったと思えば次の瞬間下がったり、まるで木の葉が波に揺られているようだ。その揺れ幅も、ほんの2〜3円ほど。手数料を差し引けば、1000円、2000円儲けるのもやっとの思いだ。

とある本によれば、デイトレで勝つには5分足チャートをよく見ればいいと書かれてあるが、株価の動きが予測不可能なものであるのは何度も述べているとおり。例えばその本によれば、5分足チャートで長い下ヒゲが出たときは買いのチャンスだ、とのことだが、次の瞬間さらに大きな陰線が出る可能性も往々にしてあるのだ。下ヒゲが出たからといって上昇に転じる保証などどこにも全くない。

私も何とかデイトレで儲けようと様々なことを試みたが、正直言ってすべて失敗に終わった。私の経験から言って、8000円も儲かれば上出来。しかも、丸一日さんざん神経をすり減らしての8000円だ。正直全く得した感じはしなかった。

実は私も2012年頃、（日経平均が1万円以下で低迷していた頃だが）何とかして儲けようとデイトレをやっていた。しかし、とにかく苦労ばかりで利益は非常に少なかった。今から思えば、こんなアベノミクス相場が来るのなら、あのときデイトレで手仕舞ってしまった株をずっと持っておけばよかったと思う銘柄も多数ある。以来私はデイトレのような超短期投資は一切やっていない。

デイトレは苦労ばかりで実りなし。

デイトレでうまくいっていないという人には、ぜひ本書で紹介した中長期の投資スタイルに変更することを強くお勧めする。

4 株とは大衆心理である

●理由なく、株価は上下する

株価は日々、変動している。何か恐慌のようなことが起こって暴落したり、決算発表に反応して急騰したり急落したりすることはさておき、同じ値段でずっととどまっているということは絶対にあり得ない（終値で「前日比変わらず」ということはあっても取引時間中全く動きがない、ということはない）。必ず、上がるか下がるかしている。そのことに、実は大した理由はない、ということもぜひ心得ておくべきことだ。

大した理由もなく、誰かが買い始めると他の投資家も「自分も買わねば」という気になって買いが加速して株価は上昇する。まさに、買いが買いを呼ぶ。他方、誰かが売り始めると他の投資家も「自分も売らねば」という気になって株価は下げる。まるで、ニワトリの集団が、一方に向けて歩いていて、一羽が逆の方向に向いて歩き始めると他のニワトリも一斉にそれを追いかけるかのようだ。

他でもない、株とは大衆心理そのものなのである。何の理由もないのに株価が上昇・下降することがあるが、そういうときはこのことを思い出してほしい。

例えば日経平均で見てみよう。

2013年11月から12月末にかけて上昇し、2014年1月は下降しているが、この間特別好材料や悪材料があったわけではなかった。

もちろん個別銘柄でも同様のことはある。例えばシャープを例に取る。

2013年9月から10月にかけ、400円から300円を割るまで大きく下げているが、このときも特に悪材料があったわけでもなかった。このように、何の理由もないのに株価が上下するというのは非常によくあることなのである。

日経平均が理由もなく上下した例

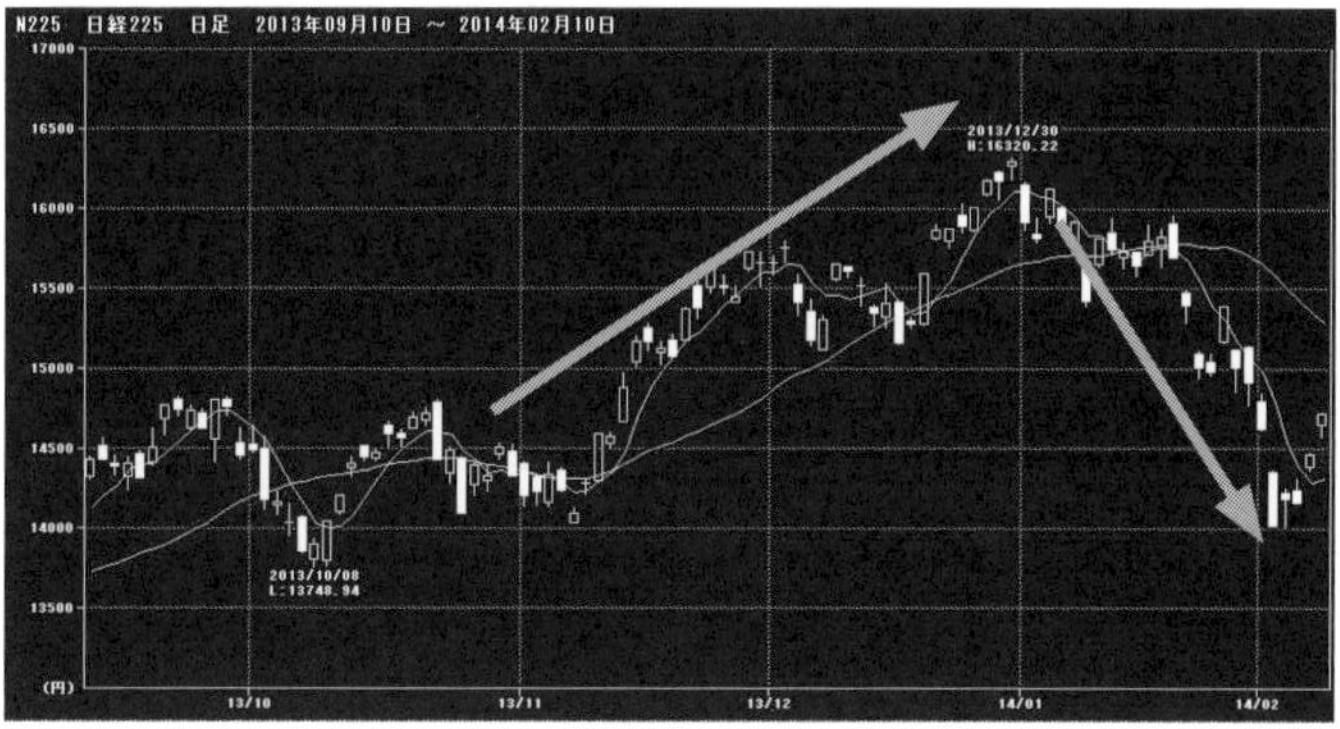

特に悪材料がないのにシャープが急落した例

それから、**株というのは必ずしも会社の実態を反映しているものではない**、ということもぜひ覚えておくべきだ。PERが低いからといってその銘柄が買われるわけではない、ということは第2章で述べたが、株が買われるかどうかというのは単に「市場で人気があるかどうか」で決まるのである。事実、人気のない企業がいくら好決算を発表しても株価は上がらない。「マネーゲームはけしからん」という人もいるが、そもそも「株とはマネーゲーム」なのである。

5 その他

①ニューヨーク株は毎朝チェックしよう

ニューヨークの株価は、終値でよいので毎朝チェックすべきである。必ずしも連動しているわけではないが、その日東京市場が上がるか下がるか、だいたい見当がつく。また、ニューヨーク株を週足で見ることも大切だ。おおよその世界の株価のトレンドがつかめる。「日本の株価だけ見ていて、海外の相場のことは全く知らない」ではいけない。ただ、欧州や中国株など、他の国の株価までチェックする必要はない。世界経済で最も重要なのはアメリカだからだ。

②たまには一日株価ボードを見てみよう

「株価ボードを見すぎてはいけない」とは第4章で述べたが、株価の値動きを見て（見慣れて）精神的に動揺することがなくなってくると、時間があるときに一日株価ボードを見続けるのはなかなかためになることである。私自身、実は時間が許す限り株の値動きを常にチェックするようにしている。

得られるものはいろいろあるが、まず、値動きの特徴が感覚的につかめるようになる。株価が上がってきてもっと上がるかと思いきや、意外と売り圧力が強くて再び下げたり、逆に大きく下げたかと思ったら買い戻しが入って値を戻したり。自分なりの予想を立てておいて、実際の値動きがいかに違うかというのを実感すると、漠然とではあるが、「この銘柄はもうあまり上がらないな。安全のためこの辺で利確しておこうか」とか、「この銘柄はもう下げないだろう。そろそろ買ってもいいのではないか」とかいうことがだんだんと判断できるようになってくる。これも「経験」の一つであって、私はこのようにして「勘」を養ってきたつもりである。

③NHK－BS「東京マーケット情報」は毎日見よう

NHK－BS1では、株式市場が開かれている平日に「東京マーケット情報」という番組を放送している。

12：00〜12：25（前場）、15：25〜15：50（大引け後）

前場は見る必要はないが、大引け後の放送は見る価値がある。私も録画して極力毎日見るようにしている。毎日の取引の背景を大まかに説明し、その後証券会社のアナリストが出てきて、その日の値動きについて解説する。解説を100％理解する必要は全くないが、なぜ上げたのか、あるいはなぜ下げたのかについて大まかにでも知っておくと確実に今後の投資の目安になる。アナリストはだいたい前向きのことを言うので、下げた日でも、若干ではあるが気分的に楽にはなる。解説は10分程度だ。あとは東証1部・2部全銘柄の終値が流れるが、それを見る必要はない。仕事を終えてから録画を見ても大して時間の妨げにはならないと思う。

④好きこそ物の上手なれ

実は私は株が大好きである。上げようが下げようが、それこそ一日中株を見ていても飽きることがない。ザラ場中の値動きはもちろん、日足・週足あるいは月足でチャートを見て、「そろそろ買い時だな」とか、「まだ買うには早いな。もっと下げてくれないかな」とか、「もうこのあたりで利確しておくべきだろう。これまで欲張ってロクなことがなかったからな」などと考えるのが好きなのである。

物事なんでもそうであるが、自分が好きなことに時間を費やすのは全く苦にならないし、それが上達につながると思う。

私の父も、筋金入りの株好きであった。上げた日はもちろん、下げた日もなんだか楽しそうにしていたし、株の話となると人が変わったように楽しげにしていた。政治や経済のニュースがテレビで報道されると、「株式市場はこれをどう評価するだろうか」と、常に株と結びつけて物事を考えていたようだ。

本書をここまでお読みの読者なら、相当の「株好き」だと思うし、私が心配するまでもないと思うが、株が好きであること、これもまた、儲かる秘訣であると思う。

おわりに

さて、読後の感想はいかがだろうか。特段難しい理論があるわけでもなく、拍子抜けされた方も多かったのではなかろうか。しかし、本文で何度も述べたように、株で勝つには「安い時に買って高い時に売る」、それしかないのである。その簡単なことが、ほとんどの人ができていない。書店に並んでいる難しい理論書を読む必要もなければ講習を受ける必要もない。実際、私の父は株の本などほぼ読んだことはなく、証券会社のセミナーにも一度も行ったことはなかった。

株とはゼロサムゲームだ。負ける人がいるから、勝つ人がいる。いや、負けてくれる人が大勢いるからこそ少数の人が勝てるのだ。そのためには「人のやっていることの逆のことをやる」ことが必要なのである。

本書を読み終わったら、ぜひ書かれてある手法で取引をしてほしい。最初は半信半疑かもしれないので、少額から始めてもよいと思う。物事なんでもそうだが、本で読んで頭で理解しているつもりでも、実際に自分でやってみると思いどおりにいかないことがあるものだ。自分で取引して利益を出して初めて、本書に書かれてあることが真実であることが分かり、本書の内容の理解もより深まることと思う。

「株で勝つ」というといかにも華々しいイメージを持っておられる方もおられるかもしれないが、その実、株とは意外と地味なものである。まさに、自分自身との闘いだ。その闘いに勝ち続け、コツコツと努力を積み重ねていった者にこそ、富がもたらされる。どうか、皆さんには、一気に大ホームランを狙ったりすることのないよう、ここでも重ねてお願い申し上げたい。

父の指南がなければ到底私は株で勝てる人間になることはできなかった。とにかくほぼ一生をかけて、本業の傍らひたすら株の取引を続けていたのだから、その執念や並々ならぬものがある。皆さんにも、決して数カ月で放り出したりすることなく、根気強く、気長に、執念深く取引を続けてほしい。もちろん私自身、生ある限り株と付き合っていくつもりである。

本書を読まれた方が、「勝ち続ける投資家」に変わることができたのなら、筆者として望外の喜びである。

2014年初春

著者紹介

今泉克也（いまいずみ・かつや）

1970年生まれ。京都大学工学部数理工学科卒業、京都大学大学院工学研究科応用システム科学専攻修了。三菱自動車工業株式会社、株式会社 野村総合研究所、パナソニック株式会社の各社に勤務。2007年頃、株に目覚め、現在は個人事業主としてパソコンの仕事をする傍ら、株取引を行う。マイクロソフト認定システムエンジニア。

投資のプロたちも真似て売買した伝説のサラリーマントレーダーを父（京都大学工学部卒業）に持ち、その父親が死去する数年前に、株式投資のノウハウすべてを受け継いだ。

京大親子が半世紀にわたって実践！

不滅の株式投資術

2014年 4月30日　初版第1刷発行
2014年12月28日　初版第4刷発行

著　者　今泉克也

装　幀　藤瀬和敏

発行者　森 弘毅

発行所　株式会社 アールズ出版
東京都文京区本郷1-33-6 ヘミニスIIビル 〒113-0033
TEL 03-5805-1781　　FAX 03-5805-1780
http://www.rs-shuppan.co.jp

印刷・製本　中央精版印刷株式会社

ISBN978-4-86204-263-7 C0033